料理のあいうえお

有元葉子

文化出版局

目次

下ごしらえと料理の基本を、あいうえお順に並べてみましょう、と思ったとき、「あ」ですぐに浮かんだのが「味見をする」です。料理をするときに、私にとって、いちばん大事なことかもしれません。

私はしょっちゅう、味見をしています。料理の途中で「おしょうゆが足りているかしら」「甘さはどうかな」「もう少しスパイスが必要？」と味をみます。初めて買った食材（たとえばハム類とか）があれば、必ず使う前に少し味見をしてみます。野菜をゆでたときも、少しかじってみて、ゆで加減を確かめると同時に、味を確かめます。じゃがいもひとつとっても、ほくほく加減や甘さがまるで違いますから、味をつける前に「そのものの味」を知っておきたいのです。

かつお節でも、煮干しでも、おだしをとったときは必ず、かつお節や煮干しそのものを食べてみます。そしておだしの味見をします。それはなぜかというと、そのときに使ったかつお節や煮干しによって、だしの出方がまるで違うから。

削りたてのかつお節を使うときは、煮立つ寸前で火を止めて、そのまま7〜8分おいておけばおいしいだしが出ます。ところが袋に入って窒素充塡されたかつお節を使うと、なかなか味が出ないのです。7分後に味見をすると「あれ？　変だな。味がしない」。それからさらに10分ぐらいおいて味をみると「ああ、やっと、だしの味が出てきたわ」と。そういう経験があるので、必ず自分の舌で味見をするわけです。

パスタをゆでるときもお湯の味見をするので、驚かれたことがあります。「ゆで湯も味見するんですか⁉」って。塩が全部溶けた状態のゆで湯の味がわからないと、ゆでたパスタにどのぐらいの塩味がついているのかわからないですよね。ソースに塩気があるとき（アンチョビのソースなど）は、ゆで湯の塩を控えめにするし、塩気がないほうがおいしいソース（トマトなど野菜のソース）のときは、ゆで湯の塩気を強めにする。このバランスをみないと、おいしいパスタは作れないのです。

「レシピどおりに作れば、おいしいに決まっている」ということはありえなくて、素材の状態もそのときどきで違うし、調味料も、メーカーや封を切ってどのぐらいたっているかで味が違います。使っている火も鍋も何もかも違うのだから、レシピどおりに作ったとしても、１００人なら１００通りの料理ができているはずです。

ですから、レシピはあくまでも参考書です。参考にしながら、あとは自分で決める。自分の舌で決める。だから味見をすることが、とても大切なのです。

こんなふうにこの本では、ふだんはレシピに出てこない私が料理で「大切にしているところ」を書いています。調理中のちょっとした小さなことも、知っておくと料理が楽しくなります。料理の楽しさをからだが覚えてくれたら、しめたものです。

あ
味見をする
味を決めるのは調味料ではなくて、自分の舌。

㋐

あく取り

あく取りをするのは、「澄んだ味」にするため。

豆を煮るときや、鶏をゆでるときに出るあくは、素材から出たえぐみや雑味です。湯の中に浮いてきた濁った泡状のあくをすくい取ることで、煮汁やスープがすっきりとして、豆や鶏においしく火が通ります。

あくはお玉でも取れますが、網状の「あくすくい」があると便利。煮汁やスープを余計にすくい取らずにすみます。水を張ったボウルを用意しておいて、この中に取ったあくを流すと、あくすくいもリセットされて一石二鳥。

ゆで鶏◎むね肉1枚か2枚、セロリの葉、玉ねぎのくず（または切れ端）、にんじんの皮などのくず野菜を大きい鍋に入れて、水をたっぷり張る。強めの火にかけて浮いてきたあくをていねいにすくい取り、弱火にして10〜13分ほどゆでる。鶏はゆで汁につけた状態で保存すると、しっとりと食べられる。白練りごま大さじ4、豆板醤少々、米酢大さじ2、しょうゆ小さじ2、ごま油大さじ1と½〜2を混ぜたごまだれがゆで鶏によく合う。

チキンスープ◎鶏のゆで汁をこして、スープだけを密閉容器に移し、熱が取れたら冷凍しておく。温めて塩、こしょう、オリーブオイルを加えるだけで、ほっとするおいしさのスープに。

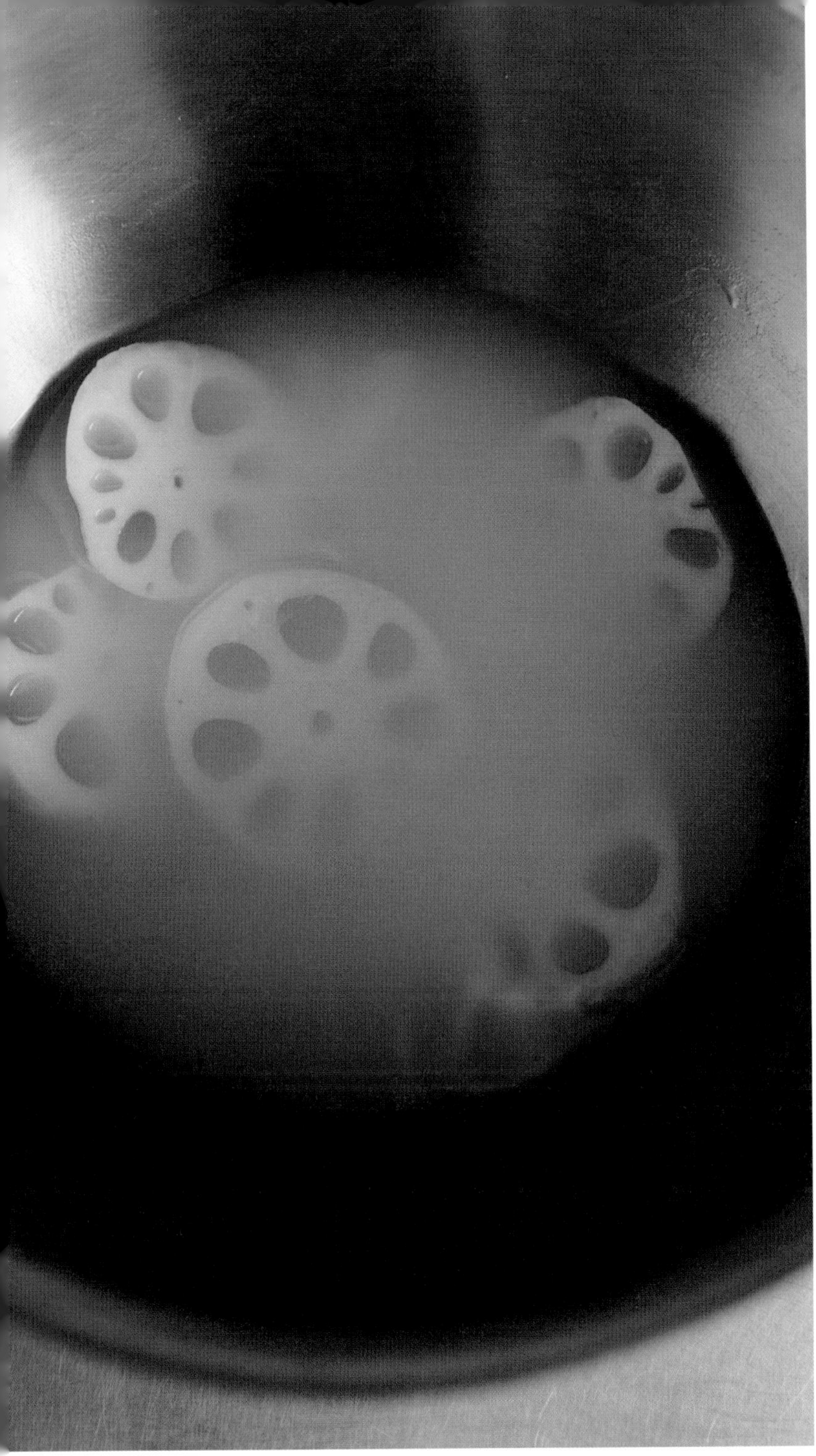

㋐

あく抜き

あく抜きは、「素材の中のあくを取り出す」下ごしらえです。

たとえば冬のれんこんや春のうどは、切ってそのままおくとあくが回って色が悪くなります。その状態で調理すると、あくによって色がさえず、雑味が感じられることもあります。うどやれんこんは切ったら、片栗粉を溶かした水にしばらくつけて、片栗粉を水で洗い流してから調理します。片栗粉の粒子があくを吸収してくれるといわれます。酢水につける方法もありますが、片栗粉のほうが色が白くなる気が私はします。

ほかのあく抜きの方法。大根をゆでるときは米ぬかを水に入れたり、米のとぎ汁でゆでます。たけのこは米ぬかと赤唐辛子を水に入れてゆでます。ごぼうは切ったら酢水につけます。

㋐ あさりの砂抜き

ふたをして冷蔵庫に入れておくと水管を出して、元気に砂を吐きます。

「砂抜きずみ」として売られているあさりも、汚れや若干の砂を含んでいるもの。いま一度、砂抜きして使うほうが気持ちがいいです。私のやり方はこうです。角バットにあさりを並べ入れ、海水程度の塩水（3％の塩分）をあさりの半分ぐらいの高さまで入れます。バットにふた（ステンレスのプレート。なければぬらした新聞紙でも）をして、冷蔵庫に一晩入れます。使う前にふたを開けると……あさりは暗くひんやりしたところでリラックスするのか、水管を出して、元気に砂や汚れを吐き出しているのです。

あさりと菜の花のスパゲッティ●（2人分）砂抜きをしたあさり500gは、殻と殻をこすり合わせてよく洗う。菜の花1束は養生してぴんとさせ（71ページ）、かたい根元を切り落として食べやすく分ける。2ℓの湯を沸かし、塩大さじ2を溶かしてスパゲッティをゆではじめる。表示時間よりも3分短くタイマーをセット。フライパンの底をおおうぐらいたっぷりのオリーブオイルをひき、にんにく1〜2かけのみじん切りを入れて弱火にかける。にんにくがきつね色になったら赤唐辛子1〜2本をちぎり入れ、あさりを入れる。白ワインまたはゆで湯⅓カップを加えてふたをし、蒸し煮にする。あさりの口が開いたら、ふたをしたまま鍋を揺すりつつ4〜5分煮る。スパゲッティと菜の花を加えて、トングでかき混ぜながら、あさりのうまみの出たソースの中で1〜2分煮る。皿に盛り、好みで黒こしょう、オリーブオイルをかける。

い 色止め

ゆでた野菜をそのままにしておくと
余熱でさらに火が通り、
せっかくの色がさめたようになります。
氷水を用意しておき、ゆでたらすぐに氷水につけることで
余熱による火の通りがやんで、野菜の色がさえます。
「色止め」は、野菜の色を生かしたい料理のときに
有効な下ごしらえです。
ただし氷水につけすぎると、野菜が水っぽくなり、味が落ちる側面も。
熱が取れたらすぐに引き上げて、水気をきることが大事です。

㋒ 動かす

フライパンに肉を入れたら、すぐに少し動かします。

くっつかないように、です。トングやへらで肉を押したり、持ち上げたりして、ほんの少し動かす。こうすると肉の下の面に油が入って、フライパンや鍋にこびりつきにくいのです。置きっぱなしにしない。「少し動かす」を習慣にするといいです。

ステーキのような厚みのある肉は、片面をじっくり焼き、おいしそうな焦げ目がついたら返して、裏面を焼きます。こういうときも、肉をフライパンに入れたら、すぐにトングで少し動かす。場所を少し移動させる。それから、じっくり焼くと、肉がフライパンにくっつきにくいです。鶏肉と根菜の炒め煮を作るときは、油をひいた鍋の中で、まず鶏肉を炒めます。鶏肉はくっつきやすいですから、このときも鍋に鶏肉を入れたら、すぐに少し動かして鶏肉と鍋の間に油を入れてから炒めます。それでもくっつくかもしれませんが、「すぐに動かす」とだいぶましです。

う 動かさない

油に入れたら、しばらく動かさない。

たとえば肉団子を揚げるとき、油の中に入れたら、しばらくは手を出さないで、表面に火が通って固まるまで、じっと待つ。表面が固まってきたら、油の中を大きく混ぜて肉団子を移動させる。油の中を肉団子が泳ぐような感じ。そうして真ん中にあるものを外側に、外側にあったものを真ん中に動かして揚げることで、均一に火が通るのです。

しょっちゅう箸でひっくり返していると、なかなか火が通らないし、揚げているものが崩れやすいです。手を出さず、動かさず、油の中で揚がっていくのをじっと待つ——揚げ物はそういう料理です。から揚げでも、かき揚げでも同じです。やることがない。じっと見ていて、火加減を調節して、いい色になったタイミングで返す。また動かさずに揚げて、ほどよき頃合いで油から引き上げる。「動かさない」「じっと待つ」ことが、揚げ物上手の秘訣かもしれないと思うぐらいです。

㊎え
選ぶ

よいものを選ぶと、よいことがいろいろあります。

もちろん、私もスーパーマーケットで間に合わせることも多いです。でも、ときどき野菜の新鮮なおいしさに出合うと、びっくりするのです。有機農産物の生産者から直接送られてくる野菜は、泥がついていたり、葉っぱが虫食いだったり、ともすると少ししなびかけているように見えたり、見てくれはいまひとつ。しかし食べてみると、まるで違います。にんじんはみずみずしさと甘さが口の中に広がり、香りのよい葉っぱは刻んでかき揚げにしたり、「切りあえ」（新潟や福島県会津地方の郷土料理）にすると1束分では足りないくらい。よい素材を選ぶと、いつもの料理もはっとするほどおいしくできるし、野菜を丸ごとおいしくいただける。この満足感は大きいです。

地球に生きる生物がみんなで共生する環境を保つ第一歩は、人間がごみを出さないことではないでしょうか。「捨てるものがない」食生活を続けるには、よい食材を選ぶことです。皮まで安心して食べられる無農薬低農薬の野菜や、葉っぱつきの大根やにんじんが売れるようになれば、生産者も手間がかかっても進んで作ろうとするし、お店もそういうものを売ろうとする。だから、まずは私たちが「よいものを選ぶ」ことが大事だと思っています。これは野菜に限ったことではなく、肉も魚も卵も豆腐や油揚げも海藻も、調味料もそうです。裏側の表示を確かめて、きちんと作られたものを選ぶようにしたいものです。

にんじんの葉の切りあえ● にんじんの葉をさっとゆで、水気を絞って細かく刻む。オーブンペーパーにみそを薄くのばし、ペーパーの余分を切り落として、170℃のオーブンやトースターでみそがかりっとするまで焼く。この焼きみそをまな板にのせて、にんじんの葉、ごまを加え、包丁でたたくようにして全体を混ぜ合わせる。冷蔵庫で保存し、ご飯のお供にいただく。

㊉ おかあげ

ゆでた野菜を水にとらず、そのまま冷ますことを「おかあげ」と言います。

ゆでた野菜を角ざるなどに上げて、風を当てて自然に冷まします。熱が取れたら水気をぎゅっと絞ります。「おかあげ」にすると、野菜の風味が保たれておいしいのです。水にとると青菜などの色はさえますが、どうしても水っぽくなります。味を取るか、色を取るか。同じおひたしを作るときでも、ふた通りのゆで方があるわけです。

㊙おいなりさん

「下ごしらえ」を楽しむと、おいなりさんが上手にできる。

いなりずしを作るのが、私はとても好きです。自分流の作り方を見つけてから、おいなりさん作りが楽しくて大好きになりました。

以前は、いなりずしには苦手意識がありました。まず、大きな鍋で油揚げをたくさん煮る風景が、あまり美しくないな、と思って好きではなかった。油抜きした油揚げを半分に切り、鍋に重ね入れて、だしと調味料を入れてコトコト煮るわけですが、味も色も濃いところ薄いところのむらができてしまうし、箸で裏返したりするうちに油揚げが破けたりする。おいなりさんを作った経験のある方には「そうそう！」と、わかっていただけるかもしれませんね。

煮た油揚げにすし飯を詰めるのが、また一苦労。すし飯を適量とって、口を開いた油揚げの中に入れるのですが……うまくいかなくて、ご飯粒があちこちにこぼれたり、おいなりさんにくっついてしまったり。詰めている途中で油揚げが破けたり、角まで開ききれていなくて、おいなりさんがいびつな形になってしまったり。甘辛く煮た油揚げのおつゆで手がベタベタするし、そこへご飯粒がくっつくしで、なんだか見苦しいことになってしまうのです。このあたりも、おいなりさん作りの経験者にはうなずいていただけるのでは？

私もかつてはそんな感じだったのです。手間と時間がかかるのに、台所も汚れるし、できばえもいまひとつでは、作りたい気持ちは薄れてしまいます。

でも、それでもやっぱり、おいなりさんが食べたくなる。頬張ると、ジュワッとおつゆが口の中に広がる、おいしいおいなりさんを家族にも食べさせたい。買ってくるいなりずしは、味つけも大きさもすし飯の塩梅も、どうも「よそのひと」という感じです。おいなりさんこそ、その家の好みが出ると思うのです。

それで試行錯誤して作り続けているうちに、台所も手も汚れず、美しく作業が進む作り方を見つけたのです。

決め手は「下ごしらえ」にあり、です。ひとつひとつの下ごしらえのプロセスを無駄なくきっちり行うことで、おいなりさん作りがすごく楽しくなる。作るのが楽しければ、また作りたいと思う。料理って、そんなものなのですね。

「うちのおいなりさん」の作り方、ふだんレシピでは書けない「下ごしらえ」のこつを、順を追って詳しくご紹介します。

油揚げを開く・油抜きする

おいなりさんはおいしい油揚げで作ります。油揚げとご飯だけのシンプルさですから、ご自分がおいしいと思う油揚げを「(え)選ぶ」(10ページ)ことが大事です。油揚げを煮るのは時間がかかるし、たっぷり作ったほうがおいしくできるので、私は一度に20枚ぐらいを煮ます。

油揚げを煮ておくと何かと重宝です。いなりずしのほかにも、刻んで卵とじにして丼物にしてもいいし、短冊に切ってちぎった海苔と一緒にご飯にのせる「きつねご飯弁当」は、うちのお弁当の定番です。煮た油揚げはもちろん冷凍もできます。

おいなりさんの油揚げは、あとですし飯を詰めやすいように、煮る前に口を開きやすくしておきます。角のある「(わ)割り箸」(79ページ)を1本ご用意ください。油揚げ1枚をまな板に置き、割り箸の両端を手のひらで押さえ、油揚げの上をごろごろと転がして油揚げの表裏をはがすようにします。割り箸の角が繊維を切ってくれるので、丸い割り箸でないほうがいいわけです。これを1枚ずつていねいに行います。

次に油抜きをします。

大鍋にたっぷりの湯を沸かし、油揚げを3〜4枚ずつ入れます。1分ぐらい熱湯に浸したら、バットに重ねた角ざるに取り出します。すべての油抜きをして、粗熱が取れたら、油揚げを1枚ずつ両手のひらではさんで持ち上げ、上から下へぎゅっぎゅっと押すようにして水気を絞ります。こうして余分な油を抜き、水気をきることで、油揚げにだしや調味料のおいしい味がしみやすくなります。

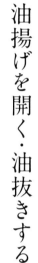

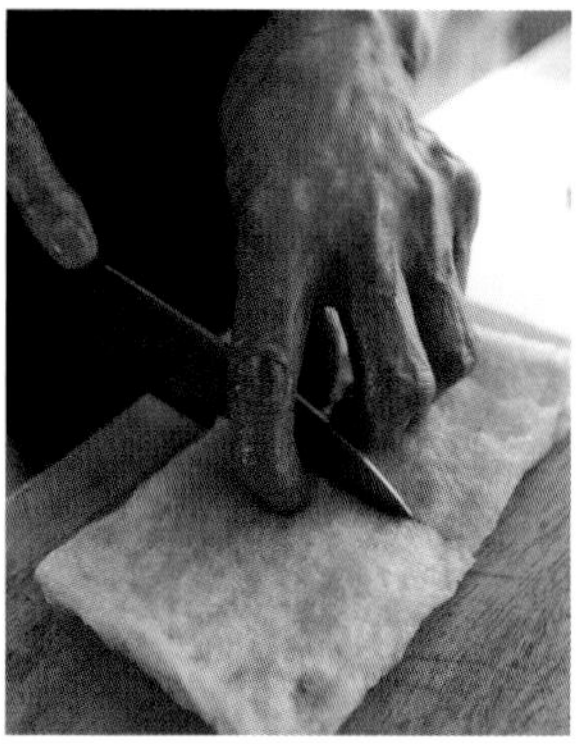

油揚げを煮る

油揚げを半分に切ります。そして、ちゃんと口が開くか確認します。開かなければ割り箸でごろごろして、しっかり開くようにします。こういう小さな手間があとで効いてきます。

油揚げを煮る鍋は、直径24〜33㎝の大鍋です。側面と底が直角になった洋鍋ではなく、口径が大きくて鍋底の角が丸い、昔ながらの日本のお鍋がいいです。

「(た)段付き鍋」（39ページ）と呼ばれる、内側に段のついている昔ながらの鍋を私は愛用しています。鍋の内径よりも小さいサイズの落としぶたも必需品です。落としぶたは少ない煮汁を全体にまわすための道具。段付き鍋を売っているところでは、必ず木の落としぶたも扱っているはずですから、一緒にそろえておくことをおすすめします。

鍋に油揚げを放射状に並べていきます。放射状に並べる、ここが重要です。口があっちこっちを向かないように、同じ方向へ口を向けて、少し重ねて並べていきます。このとき、鍋の中心がちょっとあくように、ドーナッツ形に並べるのもポイントです（理由はあとでお話しします）。1段目を並べたら、2段目も同じ側に口を向けて放射状に油揚げを並べます。

すべての油揚げをきれいに並べ入れたら、昆布とかつお節のだし汁をドーナッツの穴からたっぷり入れます。油揚げが「(か)かぶるぐらい」（20ページ）。油揚げが少し浮くぐらいです。次に酒½カップを加え、メープルシロップ（またはみりん、砂糖なら50gぐらい）としょうゆをそれぞれ大さじ3〜4杯、最初は控えめに加えて、落としぶたをして中火にかけます。

沸いてきたら、鍋中が静かに煮立ち、うっすらと湯気が立つ火加減にして、ゆっくり煮ます。トータルで1時間〜1時間半ほど煮ます。ゆっくり煮ることで、油揚げが味を含むのです。煮えている様子を見てください。油揚げの向きがそろっていて、とてもきれいです。見るからに「おいしいものができている」感じがして、うれしくなる光景です。油揚げがクツクツと煮える様子を見ることは、おいなりさん作りの楽しみのひとつです。

もうひとつ、煮ているときのお楽しみがあります。

油揚げを煮ている最中に、ときどき次のようなことをするのです。鍋中の落としぶたの持ち手をぎゅっと押します。すると、落としぶたのまわりから煮汁がじゅわ〜っと上がってくる。そうしたら手をすっと離す。

これをすることで、油揚げが煮汁をよく吸い込みます。理由はこうです。落としぶたで押すと、油揚げの中の空気が外に抜ける。ぱっと落としぶたを離すことで、油揚げの中の空間に煮汁がしゅっと入る。煮ている最中、気がついたときにこれ

を10回ぐらいやると、油揚げにじんわりと煮汁が染み込みます。やってみればわかりますが、落としぶたをぎゅっと押してぱっと離す動作が面白いんです。面白いことをすれば、よりおいしくなるのだから、料理をするのは本当に楽しい。

みんなで「味見をする」

油揚げをドーナッツ状に並べて、真ん中に少しあけた穴には重要な役割があります。鍋の中心にあけた穴で、煮汁の様子や残量がわかるのです。

最初はたぷたぷにあった煮汁が、半分以下に減ってきたら、この穴の中にスプーンを入れて味見をします。味が足りなければ、この穴から甘みを加えたり、しょうゆを加えたりして調節します。油揚げの上から調味料を足すと、上のほうばかりに味がついて、下のほうは味が薄いままだったりします。その点、穴の部分に調味料を入れれば、底の角の丸い鍋は周囲から煮汁が沸いて、真ん中へ戻る対流を起こしますから、真ん中に入れた調味料が鍋の全体にまわって、味のむらなく煮えるわけです。

ドーナッツ状に並べて油揚げを煮るのを、私はよそで見たことがありません。でも、このやり方は本当におすすめ。理にかなっていると思います。

さて、「ⓐ味見をする」（2ページ）のはとても大切なことです。ご家族にもスプーンを渡して、煮汁の味見をしてもらいましょう。ご主人、おじいちゃん、おばあちゃん、子どもたち……おいなりさんはみんなで食べるもの。大事なのは、食べる人みんなの好きな味にすることです。仕事でおいなりさんを作るときも、私はその場にいるスタッフ全員に煮汁の味見をしてもらって意見を聞きます。「もうちょっと甘いほうがいい」とか「しょうゆが足りない」という声が上がれば、もう一度自分で味を確かめながら調味料を足したりします。一緒に食べるみんなの好きな味だから、「うちのおいなりさん」なのです。

油揚げじたいには、こうしてお味見した煮汁よりも少し薄い味がついています。そして、煮た油揚げの中にはすし飯が入るわけです。そうしてできあがりの味をイメージして煮汁の味を決めます。

味を調えたら、再び落としぶたをして静かな火で煮ます。いよいよ煮えてきて、鍋の中心の穴から鍋底が見えるけれど、まだ少し煮汁がある状態になったら、そこで火を止め、そのまま冷まします。冷ましている間に油揚げが煮汁を全部吸って、鍋に煮汁が残らない状態になるのが理想です。「煮汁がなくなった」のは、油揚げが煮汁をたっぷり吸って、うまく煮えている証拠。ですから、煮汁のなくなった鍋を見ると私はうれしくなります。

ドーナッツ状に並べて油揚げを煮るのを
私はよそで見たことがありません。
でも、このやり方は理にかなっていると思います。

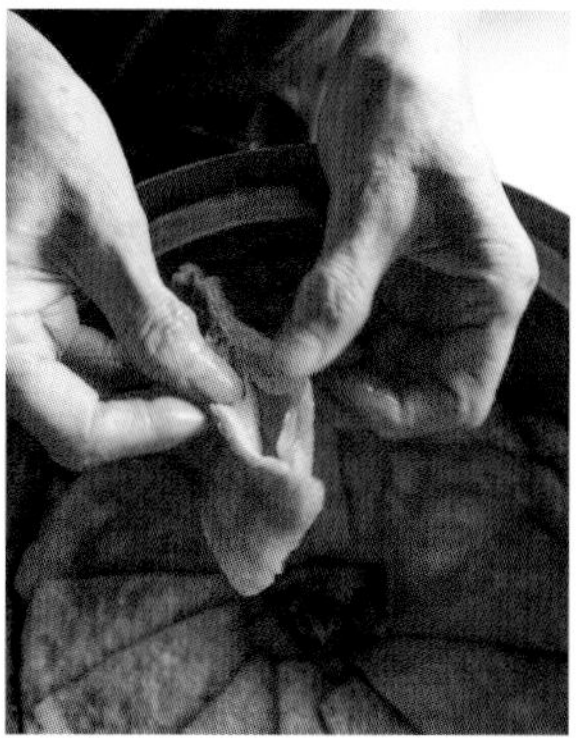

すし飯を小さなおむすびにする

すし酢を作ります。ボウルに米酢70〜80ml、砂糖大さじ1と½〜2またはメープルシロップ大さじ2〜2と½、塩小さじ1を混ぜ合わせます。この分量で、ご飯3合分です。酢はお使いのものによって酸味が異なりますから、味見をして加減してください。

ご飯が炊けたらすぐに口の大きなボウルや盤台に移し、すし酢をまわしかけます。しゃもじで切るようにして、すし酢をご飯全体に混ぜたら、ご飯を広げてうちわであおぎ、粗熱を取ります。

すし飯はそのままでもいいですし、白ごま、実山椒のつくだ煮、しょうがの甘酢漬けのみじん切り、ゆずの皮のすりおろしなど、季節に応じて好みのものを少量混ぜ込んでもいいです。あまり多すぎてもおいしくないので、大さじ2杯ぐらい。

すし飯に、固く絞った「(さ)さらし」(26ページ)のふきんをかぶせて少しおき、人肌程度に冷まします。すし飯が冷たくなりすぎると、お揚げとのなじみがよくないです。まだほんのり温かい人肌ぐらいがいいです。

ボウルに手水を用意して、手をぬらしながら、すし飯を小さな俵形にむすびます。私はいつも目分量ですが、同じ大きさにそろえたかったらはかっても。だいたいひとつ25〜30gほどです。俵形の小さなおむすびをバットに並べていきます。これをすることを思いついてから、おいなりさん作りが格段にらくになりました。おむすびにまとめることで、ご飯粒が散らばらず、作業が本当にスムーズです。これをするとしないとでは大違いなんですよ。

油揚げを「袋」にする

煮たお揚げも、違うバットに並べていきます。1枚ずつ、ちゃんと開くかどうか確かめながら、口を外側にぐるりと折り返して、ご飯がすぽんと入りやすい形状にして並べます。

油揚げを開くとき、口の端のところが特に破れやすいので、ここを広げるときは力を入れずていねいに。角のほうまで開くかどうか怪しいな、と思う油揚げは、逆さにして指を中に入れ、指先で角を開くようにするといいです。

ここまで下ごしらえをちゃんとしておけば、あとはらくちん。料理って、下ごしらえが9割だと私は思っています。下ごしらえさえ楽しんでやれば、家の料理はおいしくできる。おいなりさんはその最たるものです。

すし飯を油揚げに詰める

すし飯のおむすびが並んだバット、あとはすし飯を入れるだけの状態になったお揚げが並んだバット。二つのバットが作業台にそろっている様子もきれいです。バットを使わなくてどうやって料理をするの？と思うぐらい、バットは便利な道具です。周囲に立ち上がりがあり、底が平らなので、おいなりさんやコロッケのような同じ大きさのものを並べるのに好都合。丸ではなく四角い形なので、バットをいくつか置いても、作業台のスペースに無駄ができず効率的です。

さて、それでは最後の仕事をしましょう。油揚げの中におむすびにしたすし飯を入れて、きゅっと指で押し込むようにします。油揚げの折り曲げていた口の部分をのばし、片側に折ってふたをすれば完成です。

おいなりさんを盛りつけるときは、箸を使うと、おだしをたっぷり含んでやわらかく煮えた油揚げが破れてしまいがちなので、手でそっと持って盛りつけます。おいなりさんは、きちっと整列させて盛りつけたほうが絵になります。

以上が、うちのおいなりさんの作り方です。プロセスだけ見れば、ずいぶん、めんどうなことをすると思われるでしょう。でも、いなりずしを作った経験がある人には「ああ、そうすればいいんだ」と思うポイントがたくさんあるはずです。

おしゃれで、新しいおいしさのお料理を紹介することも、私は好きです。一方、地味な下ごしらえをひとつひとつていねいに重ねていって、結果として、きれいなお料理ができる日本の昔ながらの台所仕事も大好きです。

おせちやおいなりさんなど、昔は家庭で普通にやっていたことを、少し取り戻す。それも提案したいのです。なぜなら、そこには大事なことがある気がするからです。昔ながらの道具を使えば、それが本当によくできていることに気づくでしょう。レシピの字づらに従うのではなく、目や手の感触で料理を作れば、目や手が喜ぶ感覚があるでしょう。それこそが料理なのです。簡単に電子レンジでチンをするのと逆の方向のことも知らなければ、人間は自分たちが本来持っている大事なものを見失ってしまうと思うのです。

か かぶるぐらい

材料が水やだしに完全につかって、どこも出ていない。

煮物のレシピに「かぶるぐらいのだしを注いで」といった表現がよく出てきます。「かぶるぐらい」とは、材料の全体がすべて、だしや水につかっている状態。どこも顔を出していない、空気に触れていない状態です。

ちなみに里芋、大根、にんじんといった根菜は「かぶるぐらいよりやや多め」のだしで煮ます。材料がだしにしっかりつかっていて、なお、材料の2～3㎝上までだしが張ってあるのがいいのです。煮るうちに水分が減り、里芋などが少し顔を出してきた。それでももう少し煮たいときは、落としぶたをして煮ます。落としぶたをすることで、少ない煮汁が鍋の中を循環してくれます。落としぶたがなければ、オーブンペーパーをのせて代用してもいいです。とにかく材料が顔を出したら、そのまま煮ないこと。出ているところが乾くからです。「かぶるぐらい」や「ひたひた」（51ページ）は、適切な水分量を示す「目ばかり（＝目で見てはかる）」の目安です。

㋖ 切ってから皮をむく

きれいな円形にしたいときは、輪切りにしてから皮をむく。

たとえば、おでんの大根。皮をむいてから輪切りにするのと、輪切りにしてから皮をむくのとでは、円の美しさが違います。なるべくきれいな円にしたいなら、輪切りにしてから皮をむく。そのほうが、野菜の輪郭に沿って皮をむくことができるから、きれいな形になるのです。

お雑煮やお吸い物に入れるにんじんは、きれいな円形にしたいですよね。煮物、あえ物、炒め物……どんな料理でも、丸い野菜をきれいな円形にしたいときは、輪切りにしてから皮をむくのがいいです。

き 基本の調味料

塩、しょうゆ、みそ、酢、みりん、酒。基本の調味料があればいいのです。

塩は塩だけの、しょうゆはしょうゆだけの
役割をしてくれればいい。
香りがついていたり、
うまみが加えられたりしていると
かえって料理の味つけが難しくなります。
なるべく
昔ながらの製法で作られた
あたりまえの
調味料を選びたい。
甘みは、
私は砂糖の甘さが好きではないので
みりんを使用します。
また、メープルシロップの甘みが
和食にも合うとわかってからは
メープルシロップも甘みに使っています。

調味料としてメープルシロップを使う場合は、透明度の高い「ゴールデン」の表示があるものがおすすめ。樹液の採取時期によって、メープルシロップは色や風味が異なります。メープルから最初に採れる樹液を煮詰めたのが「ゴールデン」で、色が薄く、軽やかで和食にも合う繊細な味わいです。

く 串

小さな火で煮ているときは、鍋の縁に竹串を置いておきます。

串がなければ……
困ってしまいます。
野菜の火の通り具合を
知りたいとき、
竹串で刺してみると
もう芯のほうまで
やわらかくなっているのか、
まだなのか、
だいぶまだ、なのか、
手に伝わってくる感触で
わかるのです。
竹串がないと困ってしまうので
ごく弱火で（串に火がつかぬように気をつけて）
煮ているときは鍋の縁などに
竹串を置いておきます。
牛ローストの火の通り具合を
確かめるときは、
金串を使います。
金串を肉に刺して
引き抜き、すぐに唇に当てます。
熱がほんわかと感じられたら、
いい感じに火が入っています。
冷たいときはまだ生なので
さらに火を通すようにします。

ちなみに、ふたをして煮ているときは、ふたの上に竹串を置いています。竹串は掃除にも役立ちます。コンロのまわりのへこみなどに詰まったごみをかき出すには、竹串がいちばん。すーっと汚れが取れて気持ちがいいものです。

(け) 計量しない

大さじ小さじではかって入れても、おいしい味にはならないです。

小さじ1杯とか大さじ2杯とか、レシピにあるのはあくまでも目安。私自身は料理中に、計量スプーンではかって入れることはしません。なぜなら、そのときどきで鍋の中の様子が違うから。きんぴらごぼうを作るとき、同じごぼう1本でも、そのときどきで太さも違えば、季節によってかたさやみずみずしさがまるで違います。ごぼうがかたければ、水分を多めにしたり、調味料の量を加減して、煮る時間を長めにしなければなりません。また、「今日はちょっと濃いめの味がいい」「淡い味つけでさっぱりと食べたい」と、同じ料理もそのときどきで味つけを少し変えたいのです。だから、計量だけに頼らないように。レシピの記載はあくまでも目安です。

鍋中の素材の様子を見て、「このぐらい入れたら火が通るかな」と水代わりの酒を瓶から直接注ぐ。「このぐらいの甘みをつけたいな」とみりんやメープルシロップを容器から直接たらし入れる。そして、ある程度火が通ったところで「味見をする」。味見をして、足りなければ調味料をまた瓶や容器から加える。こんなふうに自分の目や舌や鼻の感覚で探って、計量をしないで料理をする。こうしないと、おいしい料理は作れないと私は思っています。

火を通すとアルコール分が飛ぶ酒は、「うまみのある水分」という感覚で使っていて、うちでは一升瓶を常備しています。ごぼう1本をきんぴらにするときも、写真のような大きな鍋を使う理由については、「段付き鍋」（39ページ）の項をごらんください。

㋙ こす

「こす」のは、舌触りや、味わいをよくするためです。

だしをこすのは、うまみの出きったかつお節や煮干しを取り除いて、雑味のない澄んだだしにするためです。だしは厚手のペーパータオルでもこせますが、固く絞ったさらしのふきんでこすことで、細かいだしがらも取り除けて、きれいなだしがとれます。

ゆでたさつまいもをこし器でこして、きんとんを作る。溶いた卵を目の細かいざるなどでこして、なめらかな卵液にし、茶碗蒸しや卵焼きやプリンを作る。いずれも「こす」ことで、しっとりなめらかな舌触りになります。イタリアで、生で食べてもあまりおいしくないトマトを、皮の際ぎりぎりまでムーラン（ハンドルつきの洋食用裏ごし器）でこしたら、ものすごくおいしいトマトソースができたことがあります。トマトは皮ぎりぎりのところにうまみが凝縮されている、と知った経験です。

ⓢ さらし

目の詰んだ木綿です。台所の必需品です。

さらしは「さらし木綿」とも言い、漂白して（さらして）白くした木綿です。反物で売られているので、好きな大きさに切って使います。昔は和装小物を扱う店へ買いに行ったものですが、今はネットで簡単に購入できます。使いみちはたくさんあり、私は毎日のようにさらしを手にしています。固く絞ったさらしをざるにのせて、だしをこす（25ページの写真をごらんください）。おひつのふたにさらしをかませて、炊きたてのご飯の蒸気を吸収させる。塩もみした野菜をさらしで茶巾に包み、水気をぎゅっと絞る。また、しょうがは、固く絞ったさらしで包んで冷蔵庫に入れておくと乾かないで空気を通すので長もちします。

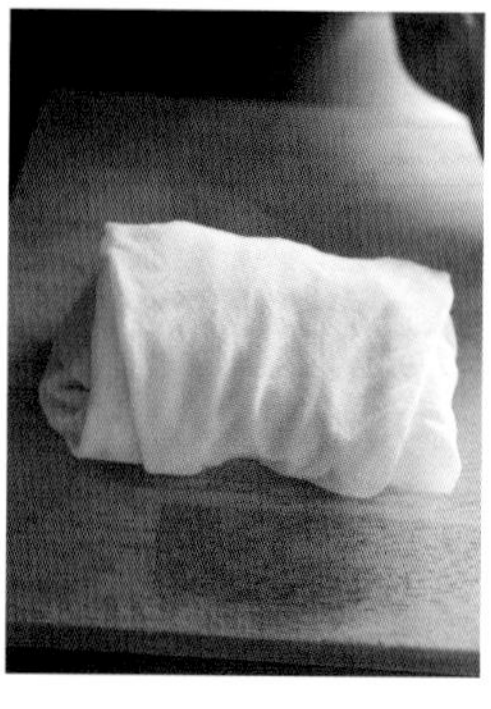

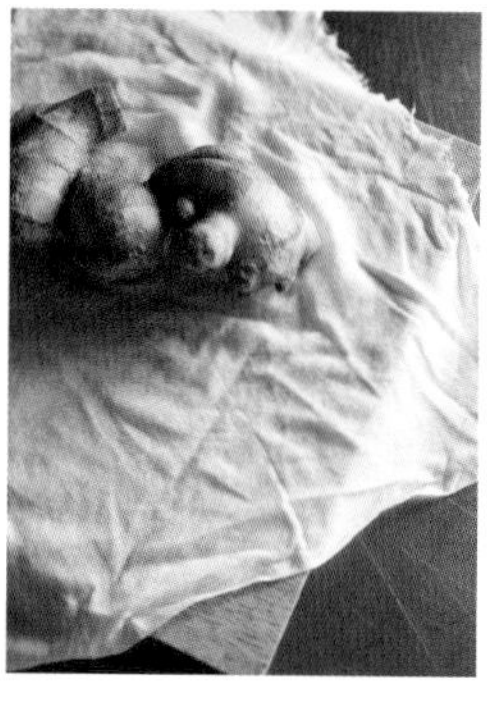

さらしの手拭いをいただいたりするでしょう？ 最近は自宅であれを食器拭きに使っています。すごく気持ちよく拭けます。水気を含んだ状態も、さらしの手拭いは触っていて気持ちいい。びしょびしょになったら、軽く洗ってぎゅっと絞って使います。絞るのも、さらしは簡単です。

ⓢ 絞る

水気をしっかり絞る。おいしさの鍵です。

ほうれん草でも小松菜でも、ゆでた青菜は水気をしっかり絞ります。長いままでも、切ってからでもよいのです。長いままなら、葉先を下にし、根元のほうを持って上から下へ、ぎゅっ、ぎゅっと両手で強く握るようにして絞る。しっかりと絞ったら（良い加減が肝心。あまり絞りすぎはバツなので）食べやすく切って、バットに重ねた角ざるに並べておきます。器を用意して、しょうゆやぽん酢をかけましょう、という前にもう一度、切った青菜を絞る。そうすると、まだかなり水分が出るのです。水っぽいおひたしはおいしくありませんから、ここでまたほどよく絞ることが大事。青菜をやわらかくゆですぎると、しっかり絞れないのです。繊維がつぶれてしまって。だから私はいつも、歯ごたえが残るぐらいのゆで加減を意識しています。

ⓢ しょうゆ洗い

しょうゆをかけてから絞る調理法です。

青菜のおひたしやごまあえを作るとき、「しょうゆ洗い」をするのはおすすめです。ゆでて水気をしっかり絞った青菜に、しょうゆをかけて、それを絞る。すると、青菜にうっすらとしょうゆ味がつきます。しょうゆをしっかり絞ってから、かつお節をかけたり、ごまであえたり、ちぎった焼き海苔であえたりすると、それだけでごちそうです。しょうゆ洗いをすると、青菜の水っぽさが消えて、おいしくなるのです。お弁当のおかずにも向きます。

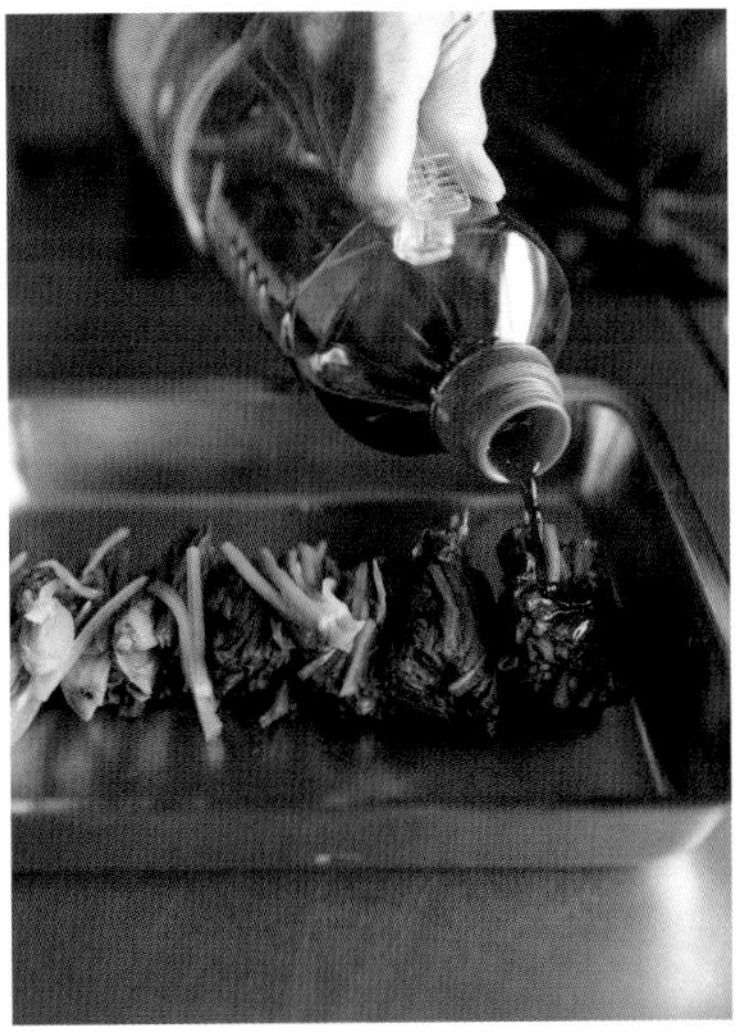

おいしくゆでて、きちんと水気を絞り、しょうゆ洗いをしただけで、ほうれん草1束がぺろりと食べられます。

㋜ 酢じめ

酢をかけて身をしめること。生魚をおいしく食べられます。

酢には酸味があり、うまみがあります。そしてご存知のように殺菌作用があります。こうした酢の効用を生かした調理法が「酢じめ」です。新鮮なあじやいわしが手に入ったら、三枚におろし、軽く塩をふります。塩が溶けたら、酢をふりかけて、「ひたひた」（51ページ）に浸るようにし、冷蔵庫にしばらくおきます。途中で上下を返してもいいです。酢につける時間はお好みです。酸っぱいのが苦手なら、15分ぐらいつけただけでもよし。しっかり長くしめたものも別のおいしさがあります。酢じめにすると、生魚のうまみが増します。

酢じめにした魚は、切って、きゅうりやわかめとあえ物にしても美味。ゆでだこをあえ物にするときも、酢をふりかけて水気を拭いてから使うと、衛生的ですし、水っぽさが消えておいしくなります。酢じめは和食とは限りません。いか、たこ、いわしなどを酢じめにして、イタリアンパセリなどのハーブと一緒にオリーブオイルであえれば、イタリアンのサラダができます。これをサンドイッチの具にするのもおすすめです。

㋜ する

ごまをする。とろろいもをする。大根をすりおろす。

いずれも、すりつぶすようにして、素材の繊維を壊し、まろやかな食感にする調理法です。ごまの皮は消化されにくく、また、皮つきのままだとすぐれた栄養素が体内に吸収されにくいのだそう。することで、あのよい香りも立つのです。すりごまも市販されていますが、油脂の多いごまは酸化しやすいのでやはり、使うたびにすることをおすすめします。瓶や袋を開けたごまは、使う前に鍋でからいりしてごまが指で簡単につぶれるぐらいにいってからすると、とってもよい香り。ごまあえの味がまるで違います。

㋝ 繊維に沿う

野菜を繊維に沿って切るとしゃきっとした歯触りが楽しめます。

玉ねぎでも、にんじんでも、ごぼうでもそうです。たとえば大根。皮をむき、食べやすい長さの輪切りにして繊維に沿って薄く切る。これを重ねて端から切れば、繊維に沿ったせん切りができます。しゃきしゃきとした、大根の歯触りを生かした切り方です。サラダにするなら、私はこの切り方を選びます。

鯛と大根のエスニックサラダ●大根は繊維に沿ってせん切りにする。同じ長さに切った白髪ねぎ、小口切りにした香菜の茎、摘んだ香菜の葉と合わせる。ボウルにしょうゆ、酢、スクマム、ごま油、こしょうを混ぜ合わせ、野菜と鯛の刺身を加えてあえる。

㋝ 繊維を断ち切る

野菜は繊維を断ち切るようにして切ると やわらかい食感になり、食べやすくなります。

小さな子どもやお年寄りがいる家庭では、この切り方が好まれるかもしれません。私自身は野菜に歯ごたえが欲しいので繊維を断ち切る切り方はあまりしませんが、でも、大根のおみそ汁だけは別。皮をむいた大根を薄い輪切りにして、輪切りを重ね、端からせん切りにします。この大根をだしに入れて、さっと火を通し、みそを溶いたおみそ汁は格別です。大根がふわっとやさしい味わいになります。

大根のみそ汁● 大根は繊維を断ち切るようにせん切りにする。油揚げは大根と同じぐらいの細さに切る。だしに油揚げを入れ、大根を入れてさっと火を通し、みそを溶き入れる。椀によそい、好みで七味をふる。

そ そのまま おいておく

春の味覚のグリーンピース。
さやから出して塩を入れたお湯でゆでたら
すぐにざるにあけないこと。
しわしわになってしまう原因です。ゆでたら、
ゆで湯につけてそのままおいておく。そうすると
ふっくらまん丸のグリーンピースになります。

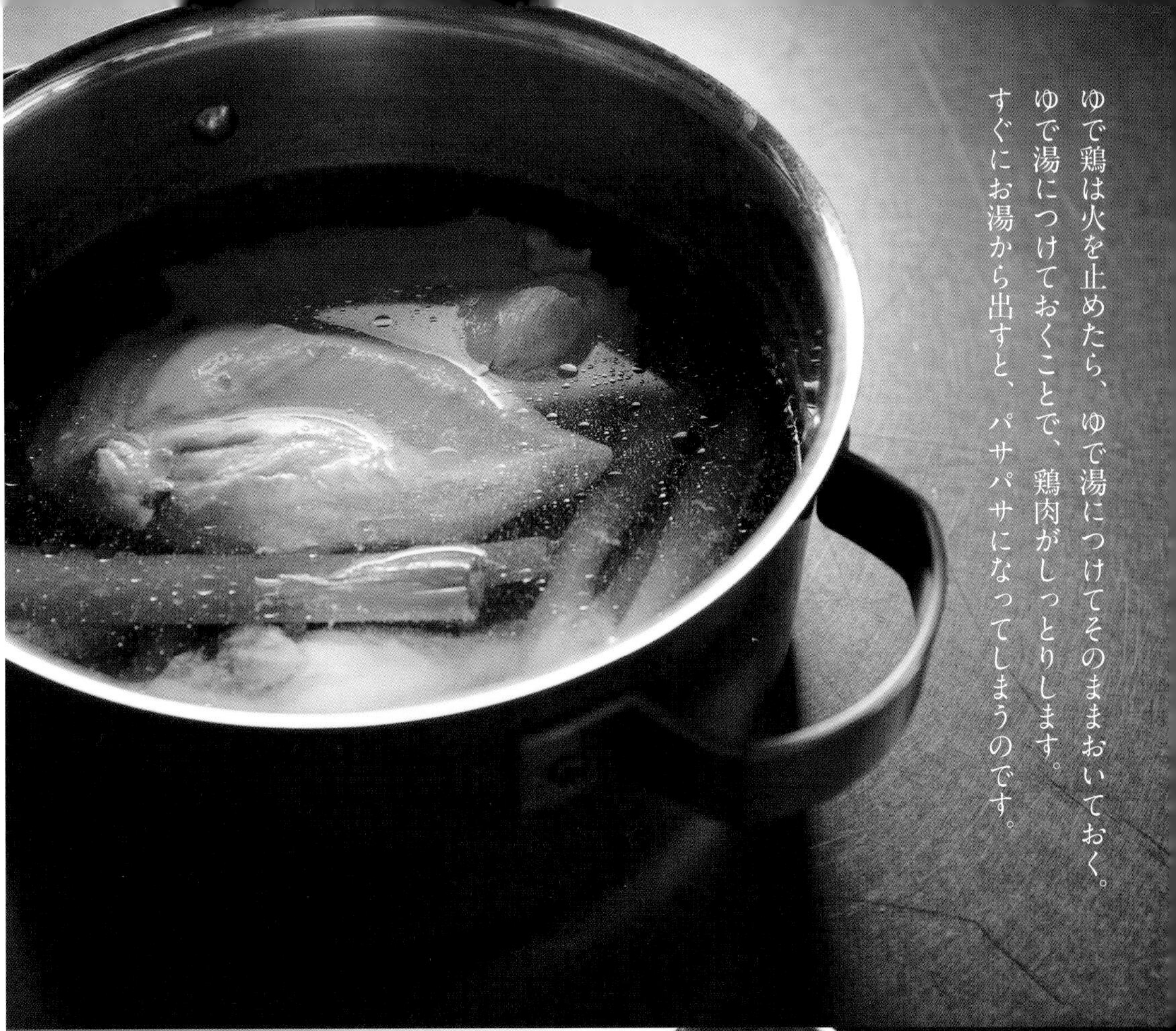

ゆで鶏は火を止めたら、ゆで湯につけてそのままおいておく。
ゆで湯につけておくことで、鶏肉がしっとりします。
すぐにお湯から出すと、パサパサになってしまうのです。

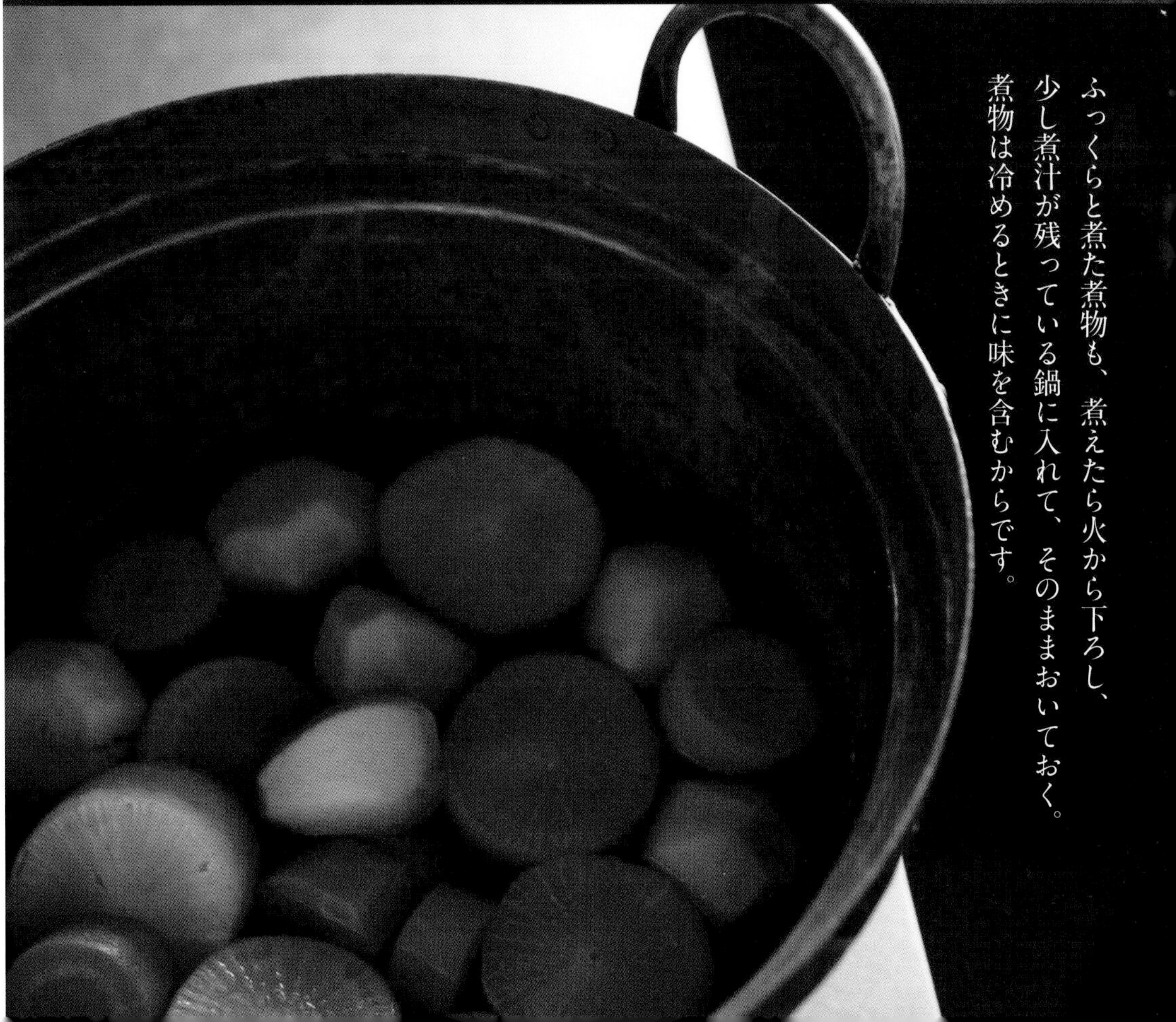

ふっくらと煮た煮物も、煮えたら火から下ろし、
少し煮汁が残っている鍋に入れて、そのままおいておく。
煮物は冷めるときに味を含むからです。

いずれも熱が取れるまで、「そのままおいておく」が正解です。

㊟

たけのこを ゆでる

たけのこをゆでましょう。日本の春を味わいましょう。

春になると、たけのこが地面から顔を出します。掘りたての泥つきのたけのこが、近所の八百屋さんやスーパーマーケットに並ぶのです。四季のめぐる、そういう国で暮らしているのだから、台所や食卓で旬のものを楽しまなければもったいない。私はそう思います。

春になるとたけのこをゆでます。

1本ゆでるのも2本ゆでるのも、かかる時間は同じ。ゆでて水につけておけば冷蔵庫で3～4日もち、たけのこご飯、若竹煮、たけのこの天ぷら、たけのこのお吸い物……といろいろな料理を楽しめます。3～4本まとめてゆでておくのが得策です。

たけのこは十二単のように皮を何枚も着ているので、小さなたけのこは食べられるところがほんの少しだったりします。ある程度の大きさがあるものを選んだほうがいいです。

たけのこをゆでる

大きな鍋に水をたっぷり張ります。できれば寸胴鍋のような深さのある鍋がいいです。ぬかをひとつかみ入れ、かき回してぬかを溶かします。ここでよく混ぜないと吹きこぼれの原因になります。ここで唐辛子1本を加えます。ぬかや唐辛子はたけのこのえぐみを除き、甘みを引き出す役目をします。

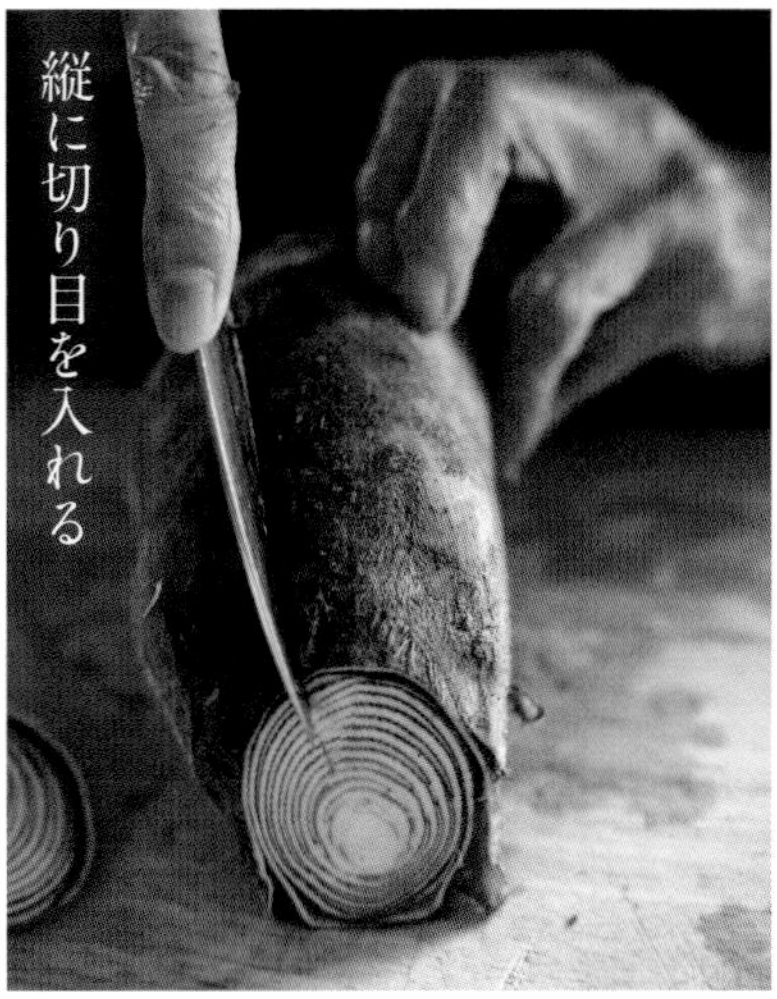

縦に切り目を入れる

ゆでる

ゆで加減を竹串で確かめる

たけのこは買ってきたらすぐにゆでたほうがおいしいです。軽く洗って穂先（皮ばかりの部分）を斜めに切り落とし、皮に縦に1本切り目を入れます。中の身を傷つけず、皮がむきやすくなる深さ（浅さ）の切り目です。

たけのこをぬかを入れた鍋に入れ、強火にかけます。沸いたら火を弱め、落としぶたをして、ふつふつと静かに煮立つ状態を保ちながら煮ます。

途中で湯が減ったら、そのつど水を足して、たけのこが湯から顔を出さないようにしてゆでます。ゆで時間は大きさによります。1〜3時間かかると思います。太い部分に竹串を刺してみて、すっと通れば中まで火が通っています。

火を止めて、ゆで湯につけたまま一晩おきます。

皮をむく

一晩おいたたけのこを取り出し、切り目から皮を開いて中身を取り出します。水洗いしてぬかを落とします。

穂先から根元に向けて割り箸の角を当て、何度か軽くこすって、節についているめくれた皮を取り除きます。根元のイボイボのところは包丁でむき取り、根元のかたそうな部分は切り落とします。

もう一度、流水で洗い、水につけて冷蔵庫で保存します。毎日水を取り替えて、3〜4日で食べきるようにします。

たけのこがやわらかくなったら、そのまま一晩おく。
翌日から、たけのこご飯、若竹煮、たけのこの天ぷら……お楽しみが続きます。

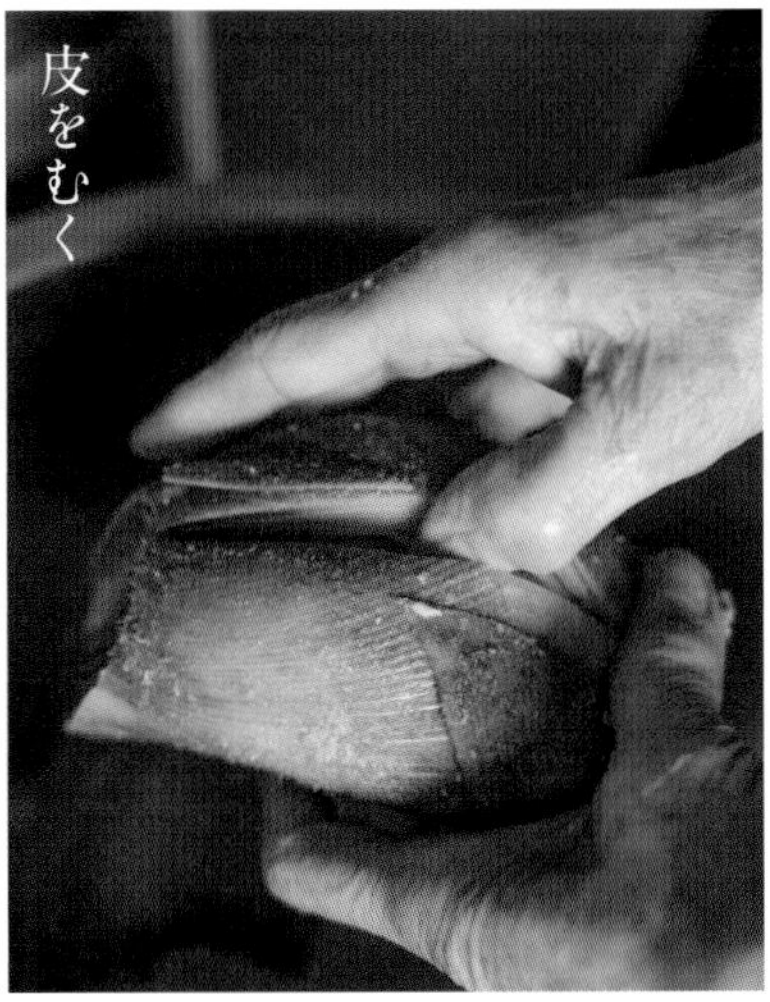

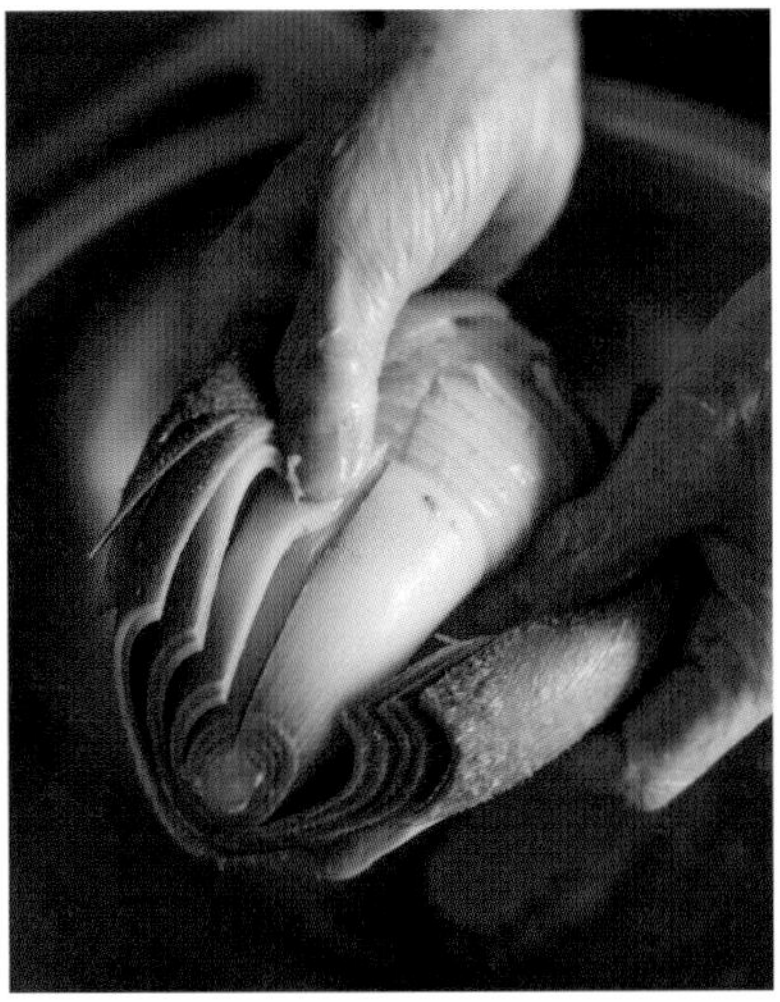

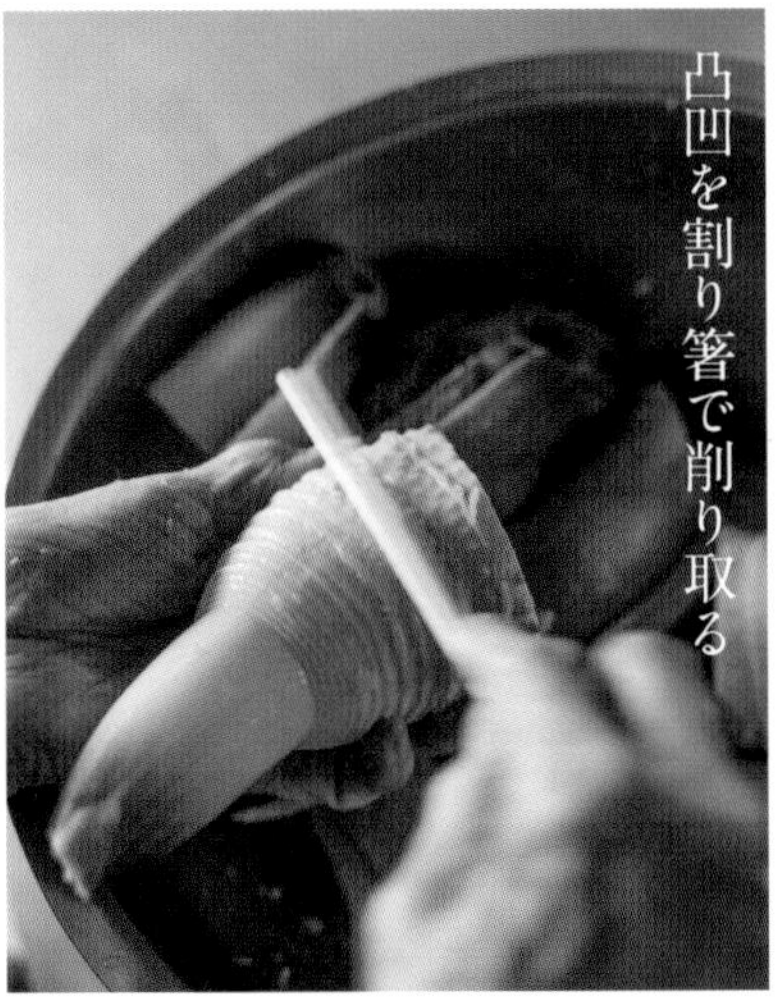

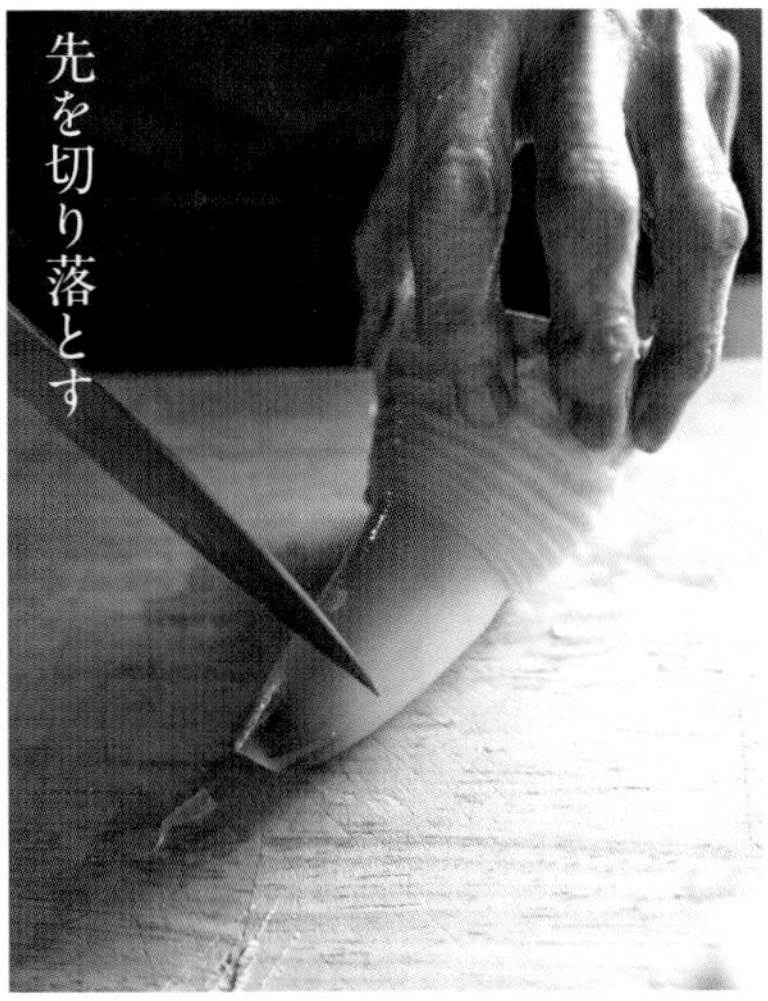

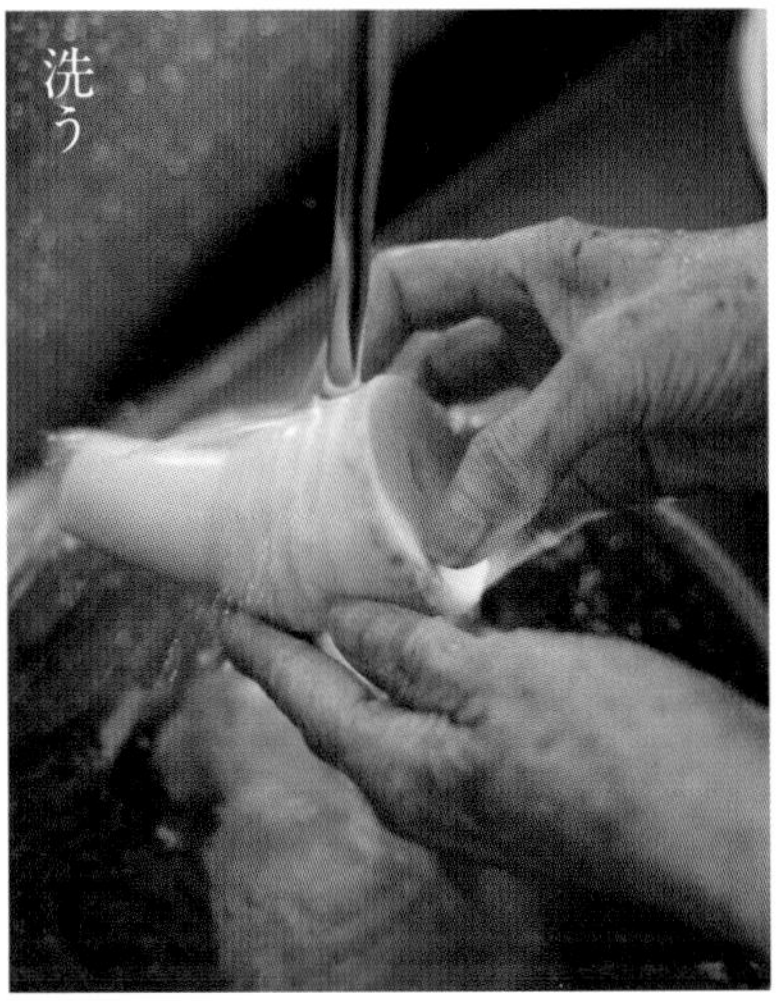

たけのこご飯◎ゆでたけのこ小2本はやわらかい穂先と、下のほうとに切り分ける。それぞれ縦に四つに切り、穂先はそのまま、下のほうはごく薄く切る。油揚げ1枚半は熱湯に6〜7秒沈ませて、油抜きをする。四方を少し切り落として2枚にはがし、粗みじんに切る。米3合は炊く30分前に研ぎ、ざるに上げておく。炊飯器に米を入れ、だしを目盛りまで加える。酒大さじ2、しょうゆ小さじ1、塩小さじ1を加えて混ぜ、味見をする。足りなければ調味料を足す。たけのこ、油揚げを加えて混ぜ、普通に炊き上げる。

たたく

繊維が断ち切れ、味がしみやすくなります。

たたきごぼうという料理が、とても好きです。ごぼうを適当な長さに切って酢水につけ、熱湯でゆでて、熱いうちにすりこぎ（または麺棒や肉たたき）でたたきます。食べやすい長さに切って、熱いうちにごま酢（いりごま＋メープルシロップ＋しょうゆ＋酢）につければできあがり。たたくことで、ごぼうの繊維が断ち切れて味がしみやすくなります。

わが家で「たたく」といえばこんにゃく。ぼろ雑巾のようになるまで麺棒でたたきにたたいて、それから油でちりちりに炒めてしょうゆをたらり。こんにゃくが、まるで牛肉のような歯ごたえになっておいしいのです。

きゅうりのあえ物やサラダを作るときも、たたいて繊維を断ち切ることが多いです。たたくと味がしみやすいだけでなく、見た目にも包丁で切るのとは違う表情が出て楽しい。器に盛ったときに絵になります。

きゅうりのぴり辛しょうゆあえ● きゅうりはまな板に置き、すりこぎなどでたたいて、食べやすい長さに割る（長さは包丁で切ってもよい）。ボウルに豆板醤小さじ1、しょうゆ大さじ1、酢大さじ1、ごま油少々、たたいたにんにく1かけ（調味料の分量はすべて目安）を入れて混ぜ、きゅうりを入れてあえる。

た 段付き鍋

昔ながらの日本の優秀なお鍋。あるととても重宝です。

素材はアルミ、または銅もあります。底の角に丸みがあり、鍋本体は高さ（深さ）があって、口から2～3cm下の部分に段があります。だから「段付き鍋」。段付き鍋はとてもすぐれた鍋で、私は昔からずっと愛用しています。段があることで、麺類をゆでるときに吹きこぼれません。底が丸いので対流が起こりやすく、煮物がふっくらおいしく煮えます。段付き鍋には木の落としぶたがつきもので、段の部分の口径と同じ大きさならきせぶた（通常のふた）に、それよりひとまわり小さいふたを落としぶたに使います。

対流が起こりやすい段付き鍋は、お湯が沸くのが早いです。加えて口径が大きいので、かさのあるほうれん草などを一度にがさっと入れてゆでるのに、うってつけ。野菜をゆでるのは、段付き鍋におまかせです。また、私がおすすめしたいのはきんぴらごぼう。ごぼう1本をきんぴらにするときも、直径30cmほどの大きな段付き鍋で作ると、底面積が広いのでごぼうが重ならず、しゃーしゃーとごぼうの水分が気持ちよく上がって、なんだか歯ごたえよく、とてもおいしくできるのです。

㋠

ちぎる

キャベツを包丁で、これ以上は自分には細く切れないというぐらいに、がんばってせん切りにしてみる。そうして作ったふわふわのせん切りキャベツにソースをかけて食べるのは、主役のフライよりもおいしく感じたりします。一方、キャベツを手でばりばりと豪快にちぎり、冷水につけてしゃきっとさせる。これをにんにくを効かせて豚肉と炒めると、ご飯がもりもりと食べられて、ビールも進むおかずです。同じキャベツも、どう切るかで味わいが変わる。それが料理の面白いところ。

「ちぎる」も選択肢に加えると動きのある、豪快な感じがするかっこいい料理が作れます。

キャベツと豚肉の炒め物◎キャベツ(2人分で3～4枚)を食べやすくちぎり、冷水につけてぱりっとさせる。フライパンを熱して太白ごま油をひき、キャベツを歯ごたえの残るように炒めて取り出し、ざるの上に取り出して水気をきる。フライパンに油少々を足して、つぶしたにんにく1かけ、食べやすく切った豚バラ肉100～150gを炒める。肉の色が変わったら、鍋肌に豆板醤大さじ½～1を入れて、香りが立ったら全体に混ぜる。肉にしょうゆ大さじ½～1をジュッとかけ、キャベツを戻し入れてさっと炒め合わせ、こしょうをふる。

つ 作りおく

数日分のおかずを作りおくことは、私はしません。
どうしても飽きてしまうし
食べたいものや食べたい味は、その日
そのときになってみないとわからないから。
多めの量をまとめて作るのは、たとえば
だし、麺つゆ。
どちらも大きな鍋でたっぷり作り、
1回分ずつに小分けにして冷凍しておきます。
だしがあれば、汁物や煮物がすぐに作れます。
麺つゆも麺類だけでなく
きのこと牛肉をさっと煮て食べたり、
作っておくといろいろに使えて便利です。
ほかにも、ひじき1袋をもどして、何も入れずに
ひじきだけを
しょうゆとメープルシロップ少々で
煮て冷凍しています。
ひじき煮は
ゆでたにんじんやいんげんとあえたり、
ご飯に混ぜたり、卵焼きに入れたり、
とても便利。
つまり私が作りおくのは
食べたいものをすぐに作れる
「料理のベース」「料理のパーツ」みたいなもの。
一から作ろうとすると時間がかかるものを、
数回分まとめて一度にやっておこう、
という感じなのです。

㋢ 手ばかり

手の感覚ではかることです。

「塩ひとつまみ」という言い方があります。「ひとつかみ」や「手のひらいっぱい」という言い方もします。「腹八分目」という言葉もありますね。調味料や材料を指や手ではかることを、私たちは昔からしてきました。数字で判断するのではなく、からだの感覚で物事をはかる……とても日本的なことだと思います。鍋の中の様子を見て、味見をして、自分の感覚で「塩ひとつまみ」を入れることは、数字では表しきれない微妙なおいしさを作ること。「ひとつまみ」や「手のひらいっぱい」には個人差がありますが、料理はそのぐらい「いい加減」でいいのです。いい加減＝良い加減です。

一度、自分の「ひとつまみ」をスケールではかってみるといいかもしれません。自分の「ひとつまみ」が、たとえば約1gだと知っていれば、レシピに表記された分量を計量スプーンではからなくても、感覚で入れられます。また、鍋の中の料理に対して「え？ 塩小さじ½は多すぎない？」とか「もっと塩分が効いたほうが私にはおいしい」とレシピを超えて、自分のからだの感覚で味つけができるようになります。

㋣ 溶く

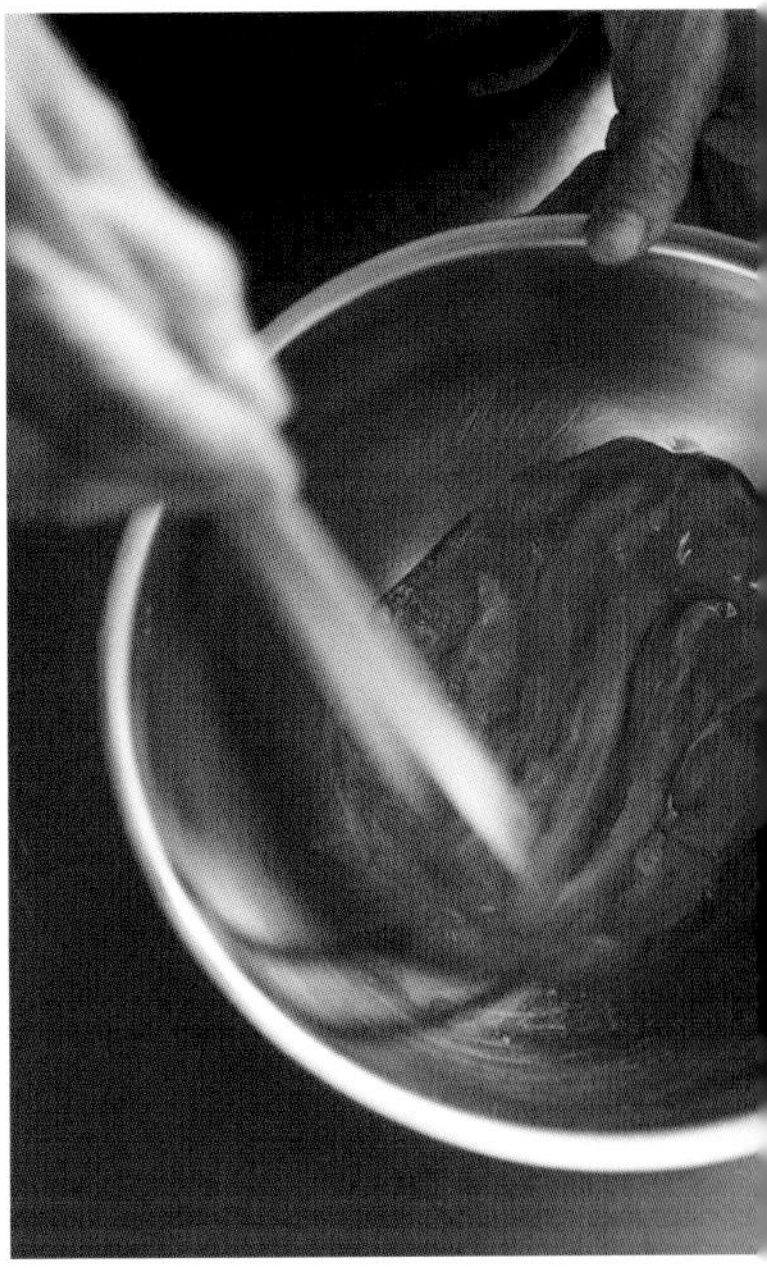

「溶く」は一方向に箸を往復させます。

「溶く」は「かき混ぜる」とは違います。卵をボウルに割り入れたら、左右や前後の一方向に手早く箸を動かして往復させる。こうして卵のこしを切るのが「溶く」です。とにかく一方向に箸を往復させることが大事。これが、ぐるぐるとかき混ぜるようにしていると、卵のこしはいつまでたっても切れず、卵が泡立ってしまうばかり。「溶く」はしゃっしゃっ、しゃっしゃっと音がするぐらいに手早く、集中して行います。よく溶いてこしを切った卵で作る卵焼きは、しっとりなめらかな口ざわりです。

㋤ 並べる

材料をきちんと「並べる」と料理のできあがりが美しくなります。

自分ではあまり意識していなかったのですが、私は料理中に、材料や料理途中のものをバットに並べることをよくしているようです。「おいなりさん」（12ページ）がその最たるもの。油揚げをお湯で油抜きをしてバットに並べる／その油揚げを放射状に並べて煮る／煮た油揚げの口を開いて、袋状にしてバットに並べる／すし飯をおむすびにしてバットに並べ、油揚げの袋にぽんと入れる……と、こんな具合です。「並べる」と作業の効率がいいですし、きちんと「並んでいる」様子を目にすることで、自然とできあがりの料理が美しくなる気がするのです。わかめのような形の定まらないものも、私はいつもきれいにたたんで、ある程度サイズをそろえて切って「並べる」。こうすることで酢の物にしても、あえ物にしても、おみそ汁に入れても、わかめが美しく存在感を放ってくれます。

わかめの切り方

①もどしたわかめを広げ、芯の部分でそろえてたたむ。
②ひらひらに分かれているところと、芯のついた上の部分とに切り離す。
③ひらひらした部分を広げて、まな板に横に置く。上の部分をその上に重ねて置く。
④食べやすい幅に切る。
⑤バットに並べる。

㋤ 鍋に入れっぱなしにしない

そろえてたたむ

切り離す

重ねて置く

食べやすい幅に切る

作った料理は
鍋に入れっぱなしにしないで
すぐにバットなどに移します。
そうしないと、
余熱でさらに火が通ってしまい
野菜から水が出たり、
せっかくの歯ごたえが
なくなったりするからです。
ただし、
カレーやミートソースなどの
煮込み料理は別で
鍋に入れたままねかせることで、
味がなじみます。

に 煮きる

酒やみりんのアルコール分を飛ばして、うまみだけを残すこと。

酒やみりんをたくさん使う料理や、あまり加熱しない料理のときは、アルコール分を飛ばしてから使います。鍋に酒やみりんを入れ、強火にかけます。煮立つと、さかんに蒸気が上がり、ときには蒸気の中に炎が混ざることもあります。蒸気がおさまってくればＯＫで、火を止めて料理に使います。プロの料理人は、鍋中の酒などに直接火を入れて煮きります。それをするときは、炎が上がるので充分に気をつけて。

ぬ ぬかの効用

野菜の下ゆでをするときにも使います。

米を精米するときに出るぬかは、ぬか漬けに使うのみならず、あく抜きの役目もします。わらびや、たけのこをゆでる（34ページ）ときにぬかを加えて、一緒に煮ます。大根を下ゆでするときも、ぬかをひとつかみ入れてゆでると、大根のくせが取れて、すっきりとおいしくゆだります。私は無農薬米を農家から購入するときに、一緒に新鮮なぬかをもらい、冷蔵庫で保存して使っています。

ぬかは園芸の肥料としてもとてもいいです。ボカシという肥料の材料にもなっているぐらいです。土や腐葉土にぬかを混ぜて、私はハーブ類をベランダ栽培しています。ぬか床と同じように土の中の微生物の働きが盛んになり、栄養のある土ができます。

ね

ねかせる

「ねかせるとおいしくなる」は本当です。

本当に不思議なもので、ミートソースやビーフシチューやカレーは、作ったその日には食べないほうがいいのです。煮えたてはまだ、鍋の中の材料や調味料などがそれぞれの個性を主張しています。ところが、鍋に入れたまま、一晩ねかせてみてください。時間をかけて自然に冷ますことで、それぞれのうまみがなじんで一体化し、こくが出て、深みのあるおいしさになってくれます。「ねかせる」時間が作ってくれるおいしさです。

ⓝ のせる

「のせる」盛りつけをかっこよくきめるには？

フランス料理では「セルクル」という金属製の輪状の道具を使います。そのセルクルを、クリアファイルで手軽に作るわけです。クリアファイル製セルクルがいいのは、器に合わせて好きな大きさの輪が作れること。また、クリアファイルはやわらかいので、楕円など好きな形に盛りつけることもできます。

平べったいお皿に、料理をこんもりと盛りつけたいとき。私は文房具のクリアファイルを使います。クリアファイルを好きな幅に切って、テープで留めて輪っかを作ります。これを皿の上にのせます。そして、たとえばサラダなら、ドレッシングであえた葉っぱを輪の中に入れて、上にアボカド、ゆでたえび、ゆで卵、ハムなど好きなものを順にのせていく。最後に輪っかを静かに外せば……。まるでフレンチレストランのような、かっこいい一品のできあがり。中華の炒め物も、和食のあえ物も、こんなふうに「のせる」盛り方をすると、ワインに合うしゃれた料理の雰囲気になります。

㊝ 箸

調理用の箸を使い分けてみませんか。

写真は、大切に長く使っている料理用の箸です。全部そろえなくてもいいですが、用途に合わせて箸を使い分けてみると、料理を作るのがらくになったり、楽しくなったり、できばえがランクアップするはずです。

左から①手が熱くならない長い菜箸は、必ずひとつ必要。②天ぷら箸は揚げ物を落とさず、しっかりつかめる八角形。③グルテンを出さずに混ぜるための、天ぷら衣の粉溶き箸。逆側でとんとんと突くようにして混ぜたりも。④炎に強い焼き物箸。⑤⑥長年使っても先が反らず、ぴたっとそろう使いやすい菜箸。最初のきれいなうちは取り箸にも使う。⑦⑧⑨盛りつけ箸。針しょうがを天盛り(料理の上にあしらうこと)にするときなどには、こうした先の細い箸が便利。持ち手側の先端が斜めに削られているのは、七味やゆずこしょうなどの薬味をすくうため。この箸で食べるごはんは格別。②〜⑨は京都・市原平兵衛商店の箸。商品の一部は現在販売されていないものもある。

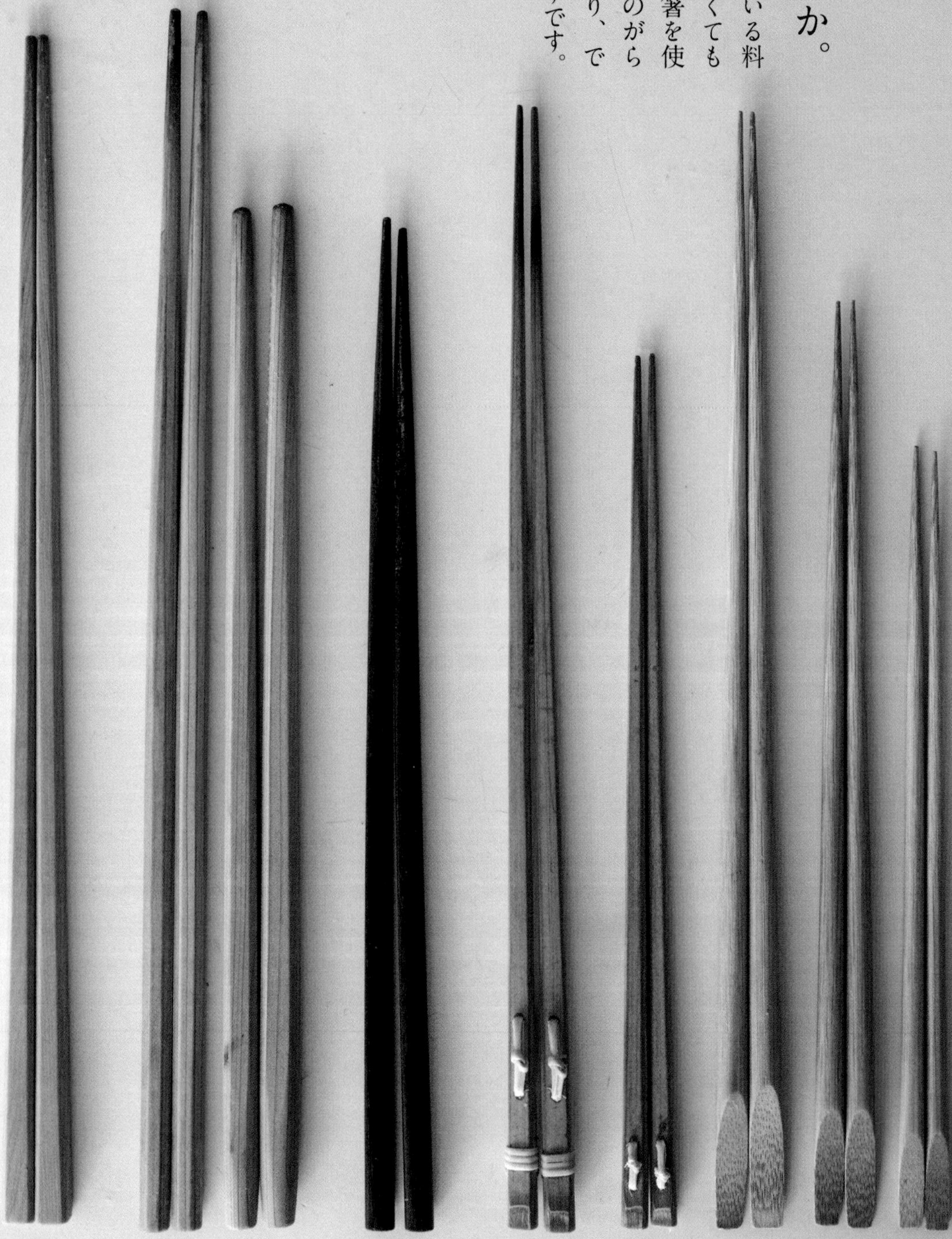

① ② ③ ④ ⑤ ⑥ ⑦ ⑧ ⑨

ひ ひたひた

材料が水分に
ほとんどつかっている状態。

「ほとんど」というのがミソで、全部しっかりつかっているわけではないのです。全部しっかりつかる水分では、その野菜に対して水分量が多すぎて、野菜がやわらかくなりすぎる。「ひたひた」は、ところどころ野菜の一部が顔を出していたりする、そんな状態のことを言います。

ふ 沸騰

ぐらぐらと
しっかり沸いている状態。

完全にお湯が沸いて１００℃になっている状態が「沸騰」です。ぼこぼこ、ぐらぐらとお湯がしっかり煮立っている。葉物もパスタも、この状態になってから塩を入れて、ゆではじめます。

ふ ふきの下ゆで

うっとりとする春の色と香り。下ごしらえをした人の特権です。

ふきが好きです。必ず葉っぱ（香りがいいのです）のついたふきを買ってきて、買ってきたらすぐに下ゆでします。下ゆでして水につけて冷蔵庫に入れておけば、ふきのパスタ、ふきのおすし、ふきと油揚げの炒め煮……いろいろに楽しめます。葉っぱは下ゆでして、ふりかけにしたり、ご飯に混ぜたりしても美味。

ふきはあくが強いので、板ずりをしてからゆでます。板ずりとは、多めの塩をふり、両手でころころと転がしてこすること。塩には研磨剤的な役目と、酸化酵素の働きを抑えて、食材の色を鮮やかに保つ効果があります。ゆでる前にふきを板ずりするのは、後者の目的。板ずりすることで、ふきがきれいな薄緑色にゆで上がります。

ふきと油揚げの炒め煮● 下ゆでしたふきは4～6cm長さに切る。油揚げは適当な幅に切る。フライパンに太白ごま油をひいて、油揚げをよく炒め、ふきを加えて炒める。酒としょうゆをふり、汁気がなくなるまで中火で炒め煮にする。

ボウルや鍋の長さに切る

板ずりする

ゆでる。かたさをみる

冷水につける

切り口から皮をむく

皮を集めて引きむく

葉はゆでて重ね、幅をそろえる

みじん切りにする

水気をしっかり絞る

へ　へら

手の延長のように、使いやすいへらがいいです。

よいへらがあると、料理が本当にスムーズです。握った手の感触や、鍋底の角まで届くほどよいカーブなど、自分が求める、自分にぴったりくるへらは、手の延長として気持ちよく働いてくれます。うちには海外で出合ったへらもたくさんあって、そうしたへらが毎日のように活躍してくれたりもします。

[上段]　左から①ベトナムのアルミ製のへら。長い持ち手でへらの先が薄く、炒め物を返すときなどに大活躍。②インドネシアの真鍮のへらは、つくねをひっくり返したりするのに重宝。③竹製のへらは、ギョウザやシュウマイの皮にあんを詰めるときに。④イタリアの大ぶりのへらは、あたりがやわらかいので豆を煮るときなどに。⑤炒め物に重宝な日本製のへら。④と同じく先がカーブしておらず、まっすぐな点が重要。まっすぐでないと、煮込み料理の鍋底のこびりつき（これが実はうまみになる）を落とせない。⑥イタリアのオリーブ材のへらは40年以上愛用。炒め物、煮物によく使う。

[下段]　こちらは自分が必要で、プロデュースするキッチン道具のブランド「ラバーゼ」で商品化したへら。ステンレス製の大中小は先が薄くてよくしなり、ソテーした肉を鍋中で返したり、煮魚をすくい取ったりに便利。シリコンへらは先端が薄く、絶妙なこしとやわらかさがあるのでボウルの中のものがすっかり、気持ちいいほどきれいにすくい取れる。

㋭ ほぐす

手でほぐすと、おいしく感じるのはなぜ？

ゆで鶏は繊維に沿うようにして、手でほぐすことが多いです。細くほぐして、白髪ねぎと一緒にごま油や塩であえる。あるいは、ざっくりと大きくほぐして、乱切りにしたきゅうりとごまだれであえる。相手によってほぐし方を変えると、同じゆで鶏もまったく違うお料理になります。魚の干物は、私はたいていほぐしていただきます。姿のままの干物が食卓に上ることは、うちではないのです。ほぐして大根おろしであえたり、お茶漬けにしたりして食べるのが好きです。

あじの干物のおろしあえ●あじの干物をあぶって、骨を避けながら手で食べやすくほぐす。大根をおろし、軽く水気をきる。器にあじと大根おろしを交互に重ねて盛り、ゆずをしぼっていただく。

ま まぶす

粉は全体にうっすらと。パン粉はしっかり、たっぷりと。

とんかつ、あじフライ、いわしフライ、えびフライ、コロッケといった衣のついた揚げ物を作るとき。まずは小麦粉を全体にまんべんなく、薄くまぶします。写真のいわしのように全体にうっすらと粉雪をかぶったようにするには、まず、粉ふるいなどでたっぷりと多めの粉をまぶします。それから手で軽くはたくようにして、余分な粉を落とします。粉が多すぎると、油の中で衣がはがれたりするし、粉がちゃんとついていないと、卵やパン粉がつきにくいです。

粉の次にまぶすのは卵。卵をバットに割り入れたら、充分に「溶く」（43ページ）ことが大事。箸を左右前後の一方向へ行き来させて、よーく溶きます。卵白のこしが切れていないと、いわしなどの材料に卵液がつきにくいです。卵液は全体につければOK。まぶしたらいわしを持ち上げて、余分な卵液を落とします。

粉、卵をつけたら、最後はパン粉です。パン粉はバットに入れるほか、ボウルにも入れて用意しておきます。ボウルのパン粉は上からまぶすためです。パン粉のバットにいわしなどの材料を入れて、上からもパン粉をかけ、両手でしっかりまぶしつけます。パン粉がついていないところがないように。両手でおさえるようにして、パン粉をしっかりなじませます。

　パン粉をつけて揚げるいわしフライもおいしいですが、うちで昔から作っているのはいわしのアーモンドフライ。これだけは衣の順番が違って、小麦粉→溶き卵をつけたら、アーモンドスライスをいわしにしっかりまぶしつけて、アーモンドの間にパン粉をなじませるようにします。アーモンドの香ばしさがいわしとよく合って、一度食べると忘れられないおいしさです。

いわしのアーモンドフライ● いわしは三枚におろし、水気を拭き、小麦粉、卵液、アーモンドスライスを順につけ、アーモンドの間にパン粉をまぶしつける。中温の油でアーモンドがかりっとするまで揚げる。付け合わせのケイパーは水につけて塩抜きし、水気をきっていわしの前に素揚げする。じゃがいもは皮をむいて輪切りにし、塩水に5分つけたのち、塩を入れた熱湯で5分ゆでる。これをいわしの前に素揚げする。盛り合わせて、粗塩を全体にまぶし、レモンをしぼっていただく。

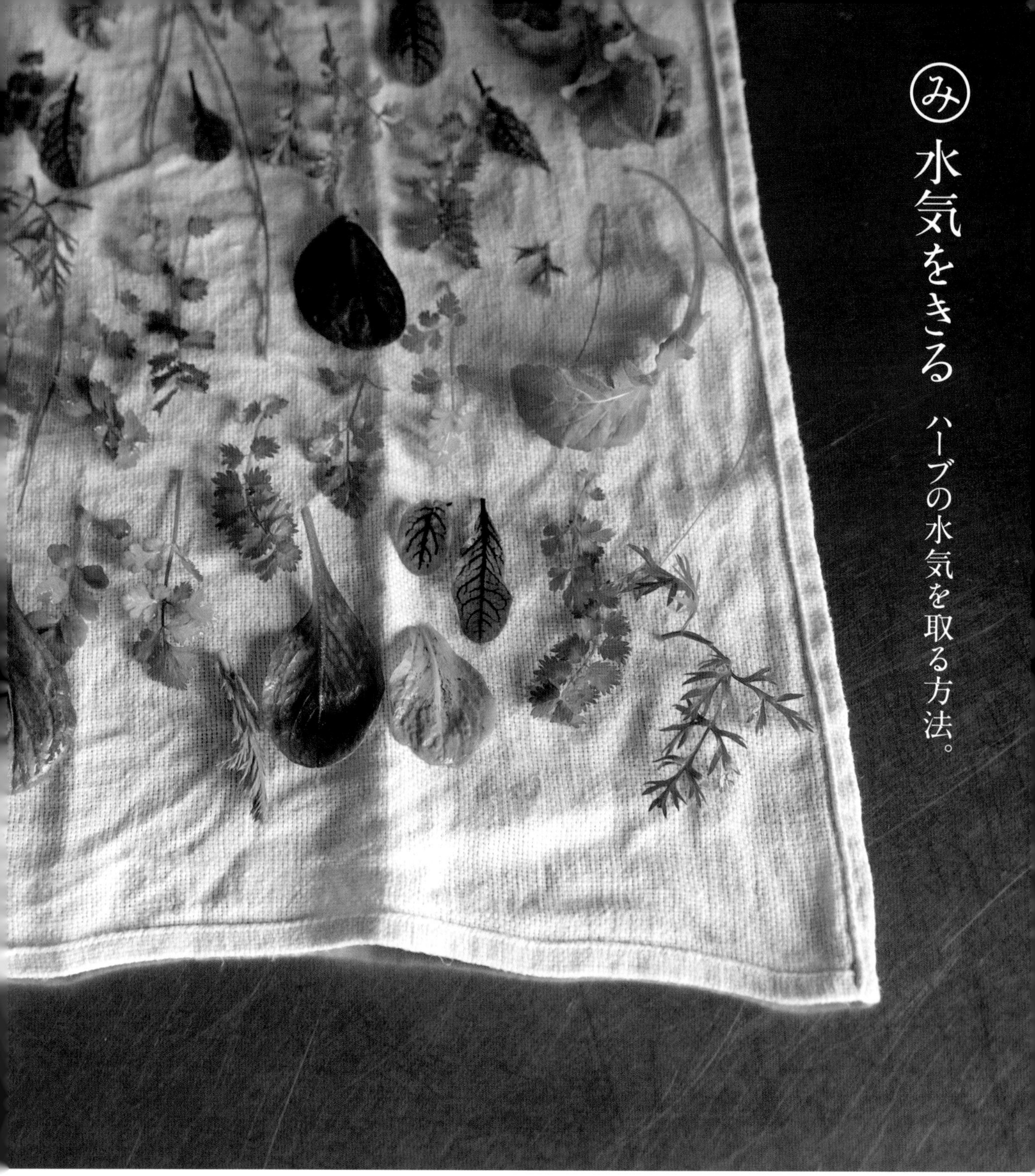

㋯ 水気をきる

ハーブの水気を取る方法。

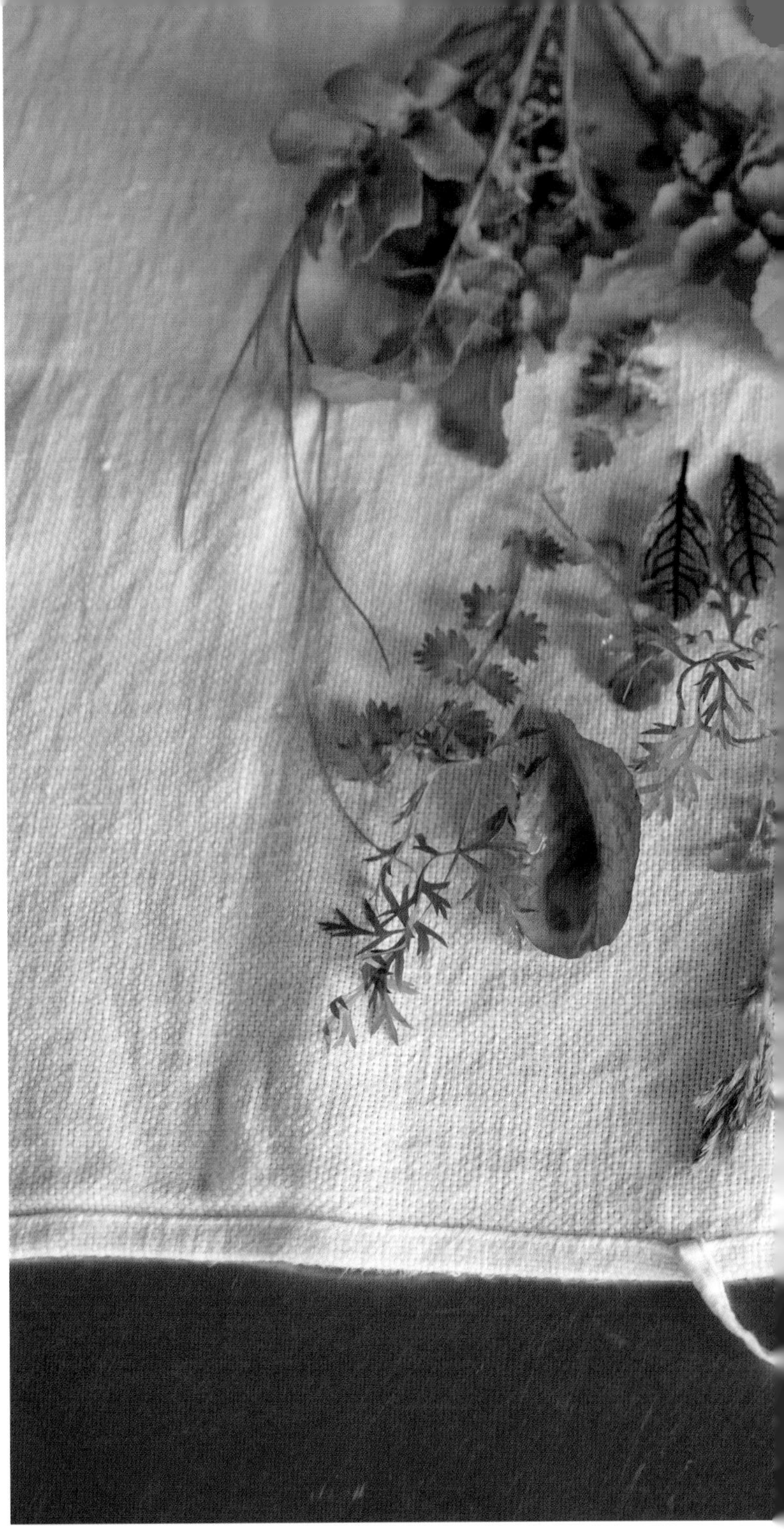

この方法は、私が考えたのではありません。海外の料理番組で、「シェ・パニーズ」（アメリカ・カリフォルニア州バークレイにある、自然派レストランの草分け）のアリス・ウォータースさんがこうしているのを見て、「きれいだし、楽しいし、葉っぱが傷つかなくていいわね」と真似しているのです。厚手の大きなふきんを広げ、洗って軽く水気をきったハーブを1枚1枚並べていきます。「へえ、こんな形なんだ」としげしげと眺めながら、ふきんの上で植物図鑑を作るように。全部並べたら、ふきんをくるくると巻きます。半分に折って、冷蔵庫のポケットに立てて入れておきます。使うまで。こうしておけば、ふきんを広げてボウルの中にハーブを入れて、調味料であえるだけでガーデンサラダのできあがり。水気が取れて、ハーブが生き生きとおいしくなるアイデアです。

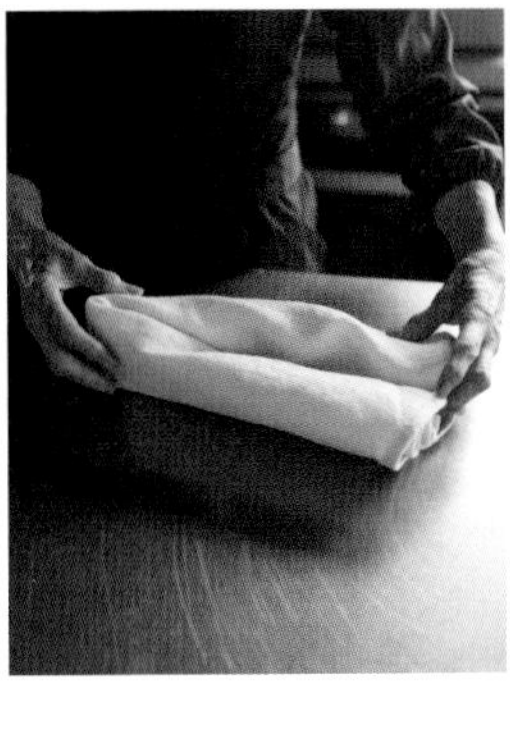

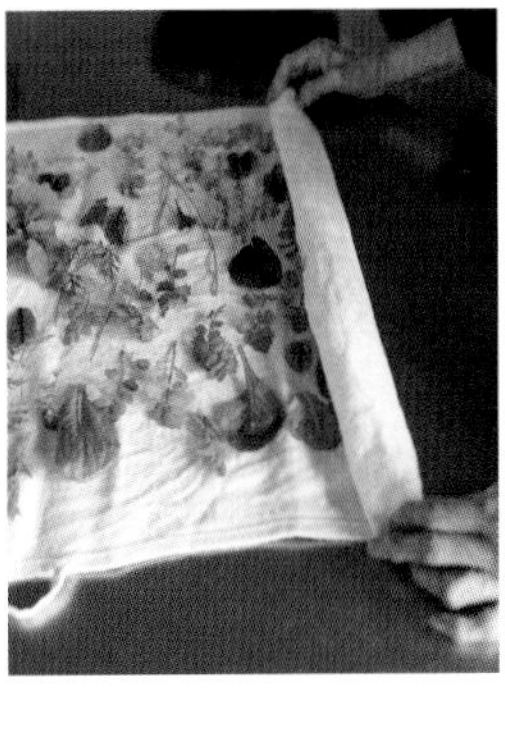

㊂ みじん切り

まず包丁は研いでおきましょう。

切り込みを入れる

細かく切る

さらに細かく切る

長ねぎ

縦に細かく切り込みを入れます。

端から細かく切ります。

さらに包丁で細かく切ります。包丁の刃の先端上部をおさえて、小刻みに振り子のように動かし、全体を細かく切ります。

薄切りにする

細切りにする

端から細かく切る

さらに細かく切る

しょうが

皮をむいて薄切りにします。なるべく薄く切ります。
薄切りをやや重ねて並べ、端から細切りにします。
細切りをそろえて並べ、端から細かく切ります。
包丁の刃の先端上部をおさえて、小刻みに動かし、全体をさらに細かく切ります。

芽を取る

切り込みを入れる

縦に切り込みを入れる

端から細かく切る

にんにく

皮をむき、縦半分に切って、刃元で芽を取り除きます。
切り目を下にして置き、包丁を横にして、左側を少し残して切り込みを入れます。
にんにくの向きを変えて、縦に切り込みを入れます。
格子状に切り込みを入れたにんにくを、端から細かく切ります。
包丁の刃の先端上部をおさえて、小刻みに動かし、さらに細かく切ります。

さらに細かく切る

玉ねぎ

皮をむいて縦半分に切ります。切り口を下にして置き、包丁を横にして、左端を少し残して切り込みを入れます。

向きを変えて、切り離していないほうを向こう側にして置き、縦に切り込みを入れます。

格子状に切り込みを入れた玉ねぎを、端から細かく切ります。

切り込みの入っていない端の部分は、切り口を下にしてまな板に置き、包丁を横にして切り込みを入れてから、できるだけ細かく切ります。

包丁の刃の先端上部をおさえて、小刻みに動かし、全体をさらに細かく切ります。

切り込みを入れる

縦に切り込みを入れる

端から細かく切る

端も細かく切る

さらに細かく切る

イタリアンパセリ

イタリアンパセリは案外、葉がかたいので、なるべく細かいみじん切りにしたほうがいいです。イタリアンパセリに限っては、私はフードプロセッサーでみじん切りにします。必ず乾いた状態でフードプロセッサーにかけます。ぬれているとみじん切りにできないのです。小さなフードプロセッサーを持っていると、たくあん、ザーサイといったしなしなしているものをみじん切りにしたいときにも便利です。ちなみに玉ねぎや長ねぎのみじん切りは、フードプロセッサーでは形がそろいませんし、繊維がつぶれて水気が出やすいです。シュウマイに入れる玉ねぎならフードプロセッサーでもいいけれど、ドレッシングや薬味に使うときなどは、やはり包丁で切ったほうがいいのです。

む 蒸す

蒸し器やせいろがなくても蒸せます。

深さのある鍋。鍋に入る小さなざる。ざるの上にのせる浅ざる（皿などでも）。この三つがあれば、蒸し物ができます。私は朝ごはんを、この方法でよく蒸します。鍋の底のほうに水を入れ、ざるを置いて沸かします。充分に湯気が立ったら、浅ざるの上にバターとソーセージをはさんだロールパン、卵、食べやすく切ったアスパラガスやブロッコリーをのせて、ふたをして5分。5分後には、パンはふかふか、野菜にはやわらかく火が通り、卵は好みのゆるい半熟状態になっています。蒸し上がったらトングで食材を取り出します。いっぺんで食べたいものがそろうし、蒸すと火の通りが早いので時短になります。それに「蒸す」料理は、なんだかからだにやさしい気がするのです。もちろん、肉まんを1個蒸したいお昼や夜にも、この蒸し方は手軽でいいです。

ⓜ 目ざる

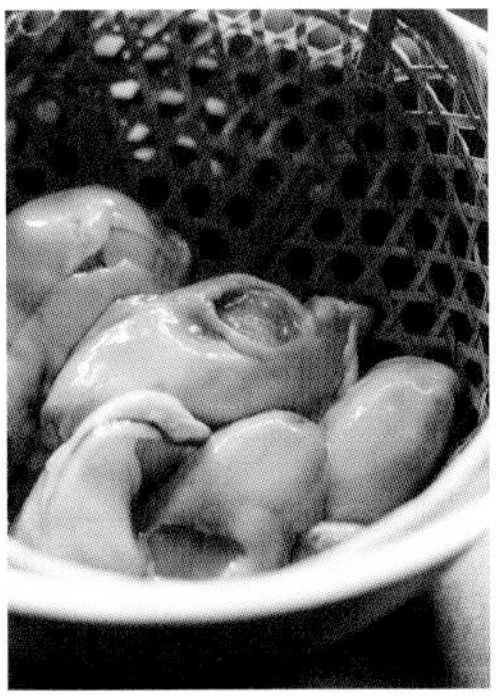

網目の粗い竹のざる。かきを洗うにはこれを使います。

なんていうことのない、竹で編んだざるです。ぺこんぺこんのざるです。昔はよく八百屋さんの店先に、小芋なんかが目ざるに入って「ひと山いくら」で並んでいました。そんなふうに野菜や果物を入れるのにも使うし、かきを洗ったり、魚の霜降りをするときにも重宝です。かきを目ざるに入れて、粗塩をたっぷりふります。かきが見えないくらいに。これをシンクの中でシャカシャカとふります。するとまもなく、かきの汚れが塩に混じって、灰色のかたまりがぼたぼたとシンクに落ちてきます。面白いぐらいよく落ちます。適当なところで流水を当てて塩を洗い流すと、かきが見違えるほど白くなり、ぷっくりときれいな姿で現れます。かきは塩水で洗ったり、大根おろしで洗ったりもしますが、目ざるで洗うと手で触れなくてすむのでかきが壊れにくく、見た目にも気持ちがいいのです。こういう用途で使いたい場合は、網目が粗い目ざるを手に入れたほうがいいです。

(も) 盛りつける

あまり触らない、あまりいじらない。

なるべく箸で整えたり、
並べたりしないほうがいいと思うのです。
煮物なら、鍋から器へ
自然に移したように盛りつけたい。
その昔、辻留の辻嘉一さんの著書『盛付秘伝』で
「ざんぐり」という言葉を知りました。
京都で使われる「ざんぐり」は、なにげなく
親しみやすく、気取りのない姿や形を表すと
辻嘉一さんはとらえています。
ふっくらやわらかく煮た里芋は、
ざんぐりと盛りつけたい。
ステンレスのお玉ではなく
あたりのやわらかい木のお玉ですくい、
箸ですっと器に落とすような感じで
いつも盛りつけています。

葉っぱのサラダは、それこそ空気と一緒に
ふわっと自然に盛りつけるのがすてきです。
私はサラダハンドという道具を使って
ドレッシングであえたサラダを
ふわっと持ち上げ、
そのままふわっとお皿に置きます。
もうひとすくい持ち上げて、
ふわっと重ねてのせます。

ちなみにサラダハンドは、こういうものがずっと欲しくて、私が考案して職人さんと一緒に作ったアイテム。サラダをドレッシングとあえやすく、ふわっと盛りつけたいときにもうってつけ。木のお玉や先の細い箸(50ページ)もそうですが、料理や盛りつけは「道具あってこそ」の部分も大きいのです。

㋳ 薬味

そうめんやそばを
食べるときの薬味は
たっぷり作って、
好きなだけ入れて食べたいのです。
大勢で食卓を囲むときも
薬味がたくさん用意してあると
みんなの箸が進むみたい。
たくさん食べてくださいます。
しそ、みょうが、長ねぎ、
どれもそれぞれに香りや主張があって
だからこそ、
あくやえぐみも潜んでいるもの。
たっぷり食べたいから、下ごしらえは必須です。
下ごしらえをすると、薬味がおいしくなります。
ちなみにしょうがは
皮をむいてすりおろせばOKです。

薬味もていねいに作るとおいしさが違います。

しそは重ねて縦半分に切り、切ったものをまた重ねて、繊維を断ち切るようにせん切りにします。

みょうがは端から薄い小口切りにします。

長ねぎは端から薄い小口切りにします。

それぞれ、さらしに包んで冷水にしばらくさらします。しそはあくが出て、水が茶色っぽくなってきます。茶色っぽさがなくなるまで、水を何回か取り替え、冷水の中でさらしの上からよくもみ洗いします。

みょうがはあくは少ないですが、冷水につけることでしゃきしゃきとした歯ごたえが楽しめます。長ねぎはさらすことで苦みが抜けます。

さらしを茶巾絞りにしてぎゅっと水気を絞り、バットなどにまとめておきます。食べる直前に器に盛ります。こうしてきちんと水にさらして水気をきった薬味は、残りを容器に入れて保存しても風味があまり落ちません。


薬味を切るときに、私が使うのは「薄刃包丁」です。両側に刃がつけてある三徳包丁などの洋包丁とは違って、薄刃包丁は片刃の日本包丁です。片側しか刃がついておらず、先まで刃幅が広くて、トントントンと包丁を落とすようにするだけで野菜の繊維がきれいに切れます。大根のせん切りなども薄刃包丁で行います。調理によって包丁を使い分けてみると、また新しい料理の世界が広がります。

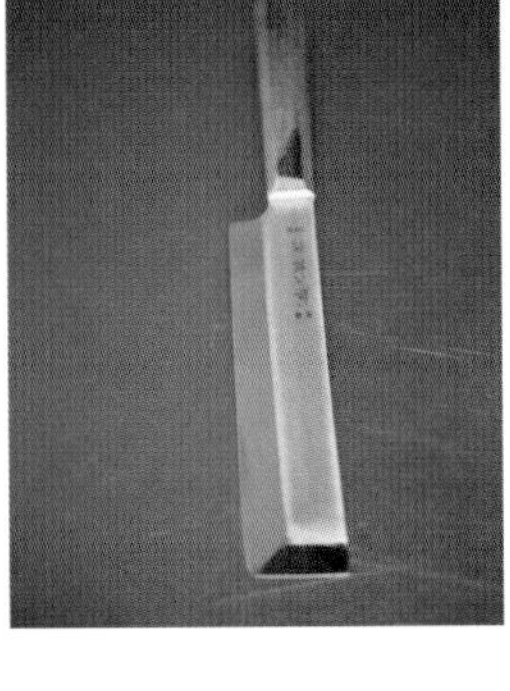

㋴ ゆでこぼす

ゆで湯を捨てること。湯をきった鍋でそのまま調理することもあります。

大根、じゃがいも、里芋、ごぼうなどの根菜や、小豆を調理するとき、あくやえぐみを抜くために下ゆでして、ゆで湯を捨てます。これを「ゆでこぼす」と言います。「ゆでこぼす」は料理を本格的に仕上げる前の、大切な下ごしらえです。ゆでこぼしたら、そのまま調味料を入れて調理します。

じゃがいもをやわらかくなるまでゆでたら、ふたで押さえて、じゃがいもを中に入れたままゆでこぼします。お湯を少しだけ残した状態にして、そこに調味料を加えて煮る「じゃがいもの薄甘煮」は、わが家の昔からの定番です。

じゃがいもの薄甘煮◎じゃがいも3個は皮をむいて食べやすく切り、水にさらす。水気をきって鍋に入れ、かぶるくらいの水を加えて火にかける。ゆで湯の表面がゆらゆらする程度のやさしい火加減で、やわらかくなるまでゆで、竹串がすっと通るようになったら、ふたで押さえて、ゆで湯が少し残る程度にゆでこぼす。砂糖大さじ1と½、塩少々、しょうゆ小さじ1を加えて少し煮、いよいよ水分がなくなったら鍋の持ち手を持ち、上下に揺らして味をなじませ、粉ふきいもにする。

㋵ 養生する

人も野菜も、養生することで元気を取り戻せる。

買ってきたときはしなしなの野菜も、冷水に根元をつけてしばらくおくと、見違えるようにぴんぴんになります。見た目からして、驚くほど様変わりするのですが、香りや味も冷水につける／つけないでは大違い。冷水で養生すると、野菜の細胞の中にまで水が含まれるようで、地面に生えていたときと同じような状態に戻るのでしょう。さっと炒めるだけ、さっとゆでるだけで、香り高く、色さえて、歯ごたえよく、甘みや苦みといった野菜本来の持ち味が感じられます。「養生する」は本来、人が病気を治したり、健康を保つために、食べ物や暮らし方に気をつけることを言います。しなびた野菜を冷水につけて生き返らせることを「養生する」というのは、もしかしたら私だけなのかも。でも、ニュアンスはよく伝わるのではないでしょうか。

菜の花はどうして、ぎゅうぎゅうに固められて売られているのでしょう。気の毒でなりません。でも大丈夫。根元をはさみで斜めに切って(切り花のように)、冷水につけておくと、ごらんのように見事に復活してくれます。この状態にしてから調理したほうが、だんぜんおいしいのです。

㋵ よそう

ご飯、おみそ汁を「よそう」と言うのはなぜでしょう？

「よそう」は、「装う」と書くそうです。
つまり、装う（よそおう）という意味なのです。
美しく見えるように整えること。
ですから単に鍋から器に「盛る」だけではなくて
そこにひとつ、「きれいにしよう」という心が入る。
それが「よそう」です。
ごちそうではなく、
私たちのふだんの食事の基本である
ご飯、おみそ汁を
「よそう」というのはすてきですね。
「いただきます」と同じように、
森羅万象を敬う
昔ながらの日本の心がある気がします。

ご飯をよそう、私の場合。茶碗を買うときは外側もですが、内側を見て買いませんか？　だから私はいつも、茶碗の内側が少し見えるようにご飯をよそいます。しゃもじでひとすくいしたら、そのまま茶碗に移すのでもいいけれど、菜箸を使ってしゃもじからすべらせるようにすると、きれいによそえます。よそってから、箸で少し整えてもいいです。いじりすぎもよくないので、ほんの少しだけちょんちょんと整える程度に。

おみそ汁をよそう、私の場合。お玉ではなく、お椀のほうを動かします。おみそ汁をお玉ですくったら、その下にお椀を持ってきて静かによそう。お玉ではなくて、お椀のほうを動かすのがポイントです。こうすればおみそ汁がこぼれて、お椀を汚すこともないです。

㋶ ラップで包む

①使う分だけラップを切り、角を手前にして広げます。包むもの、たとえばチーズを、手前の角に平行に置きます。手前の角を持ち上げて、チーズにかぶせ、持ち上げた角をチーズの下面にぴっちり折り込みます。
②チーズを押さえながら、ラップの左右を広げて、チーズの角に沿って空気を抜きながらぴっちり包みます。
③左右のラップを折り込んで、手前からチーズをくるくると回転させて、ラップの端まで動かしていき、最後はゆるめに包みます。

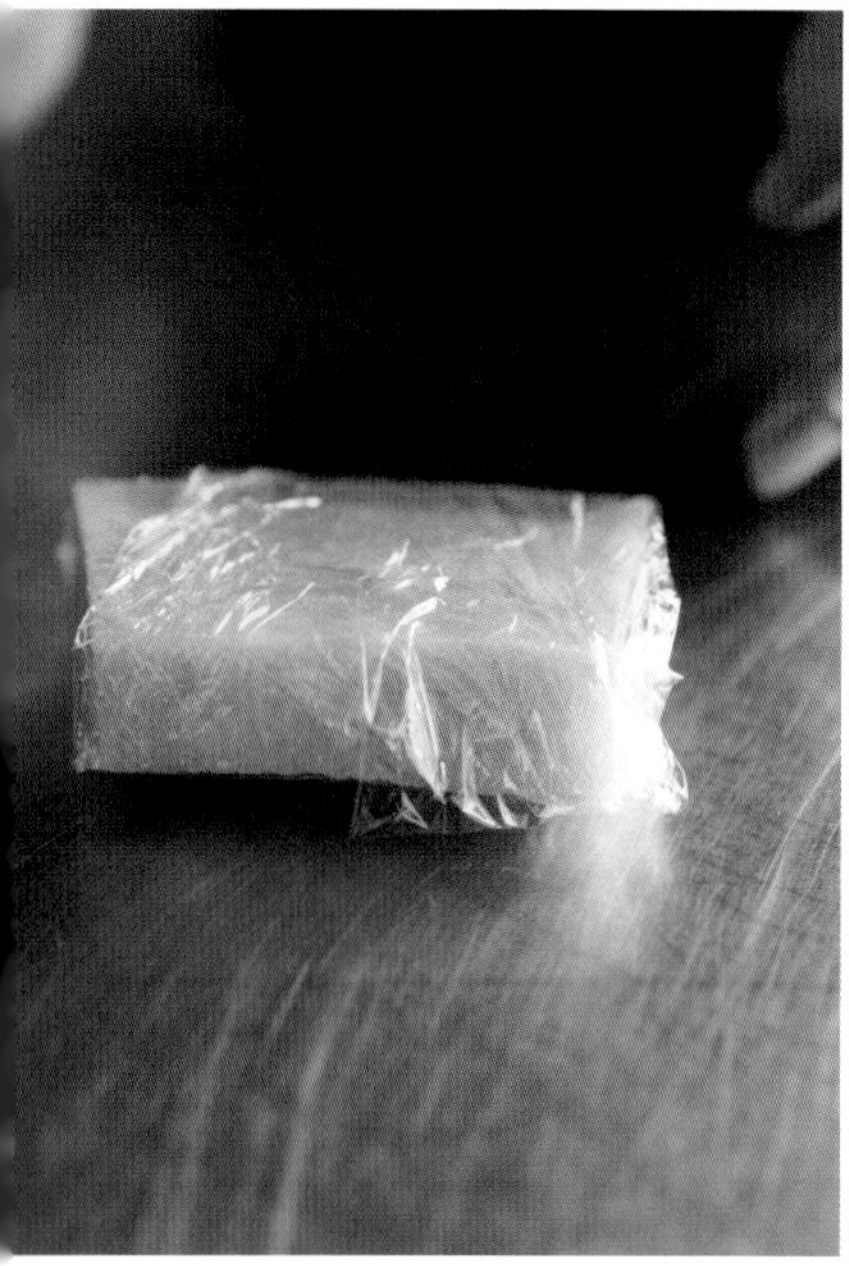

空気を抜きながら包みます。

台所は社会と直結している――。
料理をしていると、つくづくそう思います。
海や森や畑の状態、気象のこと。
火力発電やエネルギー、運送や輸入経路のこと。
自然環境をこれ以上侵さないために
私たちができるひとつが、
台所から出るごみをなるべく減らすことです。
ラップはとても便利なので
まったく使わないわけにはいかないけれど
使用量を減らしたいと思っています。
だから使う時には、効率よくしっかり使う。
ぐるぐると適当に巻きつけたりするのではなく
空気を抜きながら、ぴっちり包む。
生鮮食品は切り口が空気に触れることで
酸化や劣化が始まりますので、
できるだけ空気に触れないように
ラップをぴったり密着させて包みます。
私はラップをはずして使うときに
自分でもちょっと難儀するほどに
ぴっちりと包むくせがついていますが、
食品に直接ふれる部分は極力ぴったりつけ、
包み終わりは少しくしゃっとさせると
はずしやすくなります。

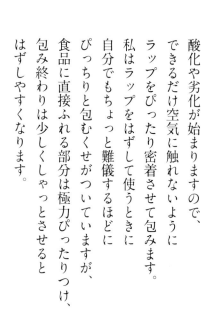

ⓡ 流水で洗う

水をボウルの中で回転させて洗うのです。

レバーの血抜きをするとき。
私はこんなやり方をします。
レバーをボウルに入れて
水を注ぎ、ボウルの端に
流水が当たるようにして
細めの水を出しっぱなしにします。
こうすると、
丸いボウルの中を水が回転して
その回転の力で
勝手にレバーが洗われるのです。
血などが浮いた汚い水はボウルの
逆側の端から自然に流れ落ちます。
5分ほどこうしておくと、
手を使わなくても
レバーがきれいになる。
もちろん、洗ったあともよく見て
レバーの中に残っている血は
竹串などでかき出す必要がありますが、
それでもだいぶらくで、気持ちのいい洗い方です。
それに、くるくる回転するのを見ているのも面白いのです。

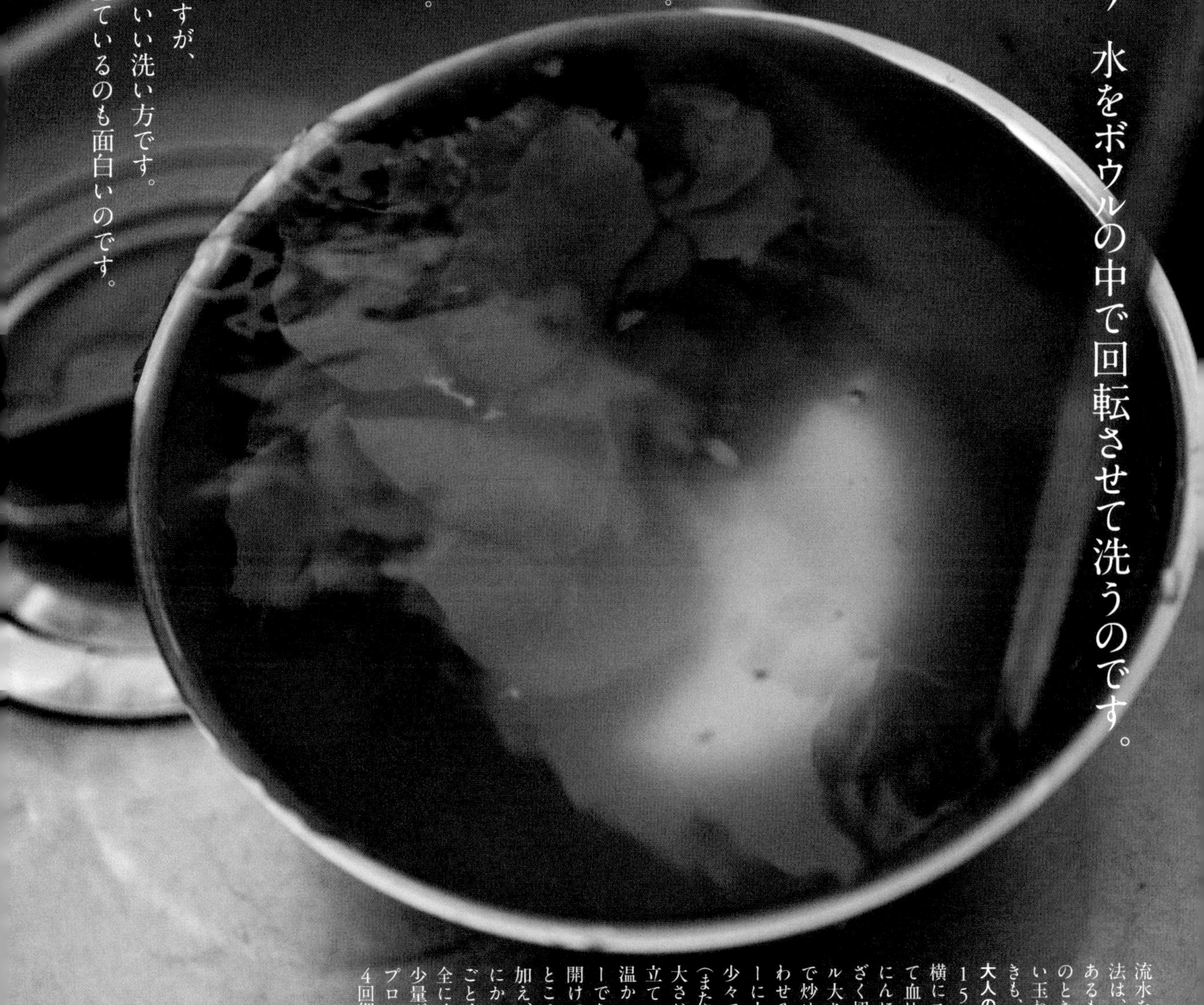

流水を当てて回転させるこの方法は、辛みの強いもの、あくのあるもの、血の入っているもののときに有効です。生で食べたい玉ねぎ、大根の辛みを抜くときも、私は流水にさらします。

大人のレバーペースト◎鶏レバー150gは薄い膜を取り除き、横にスライスして流水にさらして血抜きし、水気を拭き取る。にんにく1かけ、玉ねぎ1/3個をざく切りにして、オリーブオイル大さじ1、バター大さじ1弱で炒め、レバーを加えて炒め合わせる。ふたをして弱火でレバーに火を通し、塩、こしょう各少々で軽く味をつけ、グラッパ（またはブランデー、ウイスキー）大さじ2～3を注ぎ、強火で煮立ててアルコール分を飛ばす。温かいうちにフードプロセッサーでなめらかに攪拌し、ふたを開けて粗熱を取る。少し冷めたところでバター40g、塩少々を加え、再びフードプロセッサーにかける。フードプロセッサーごと冷蔵庫に入れて冷やし、完全に冷えたら生クリーム50mlを少量ずつ加え、そのつどフードプロセッサーのスイッチを3～4回押してなめらかに攪拌する。

ⓡる ルウを作る

ホワイトソース● ルウを作る。玉ねぎ大½個をできるだけ細かくみじん切りにする。鍋にバターとオリーブオイル各大さじ2をひき、玉ねぎを炒める。玉ねぎがとろっとした感じになったら、薄力粉大さじ3〜4を加えて混ぜ、粉気がなくなるまで弱火で炒める。次に、牛乳をカップ1杯程度加えて、小麦粉を混ぜ溶かす。小麦粉が牛乳に溶けてだまのない状態になったら、残りの牛乳(トータルで500㎖ぐらい)を加える。先端が平らなへらで、ときどき鍋底をかくようにして混ぜながら、とろんとしてくるまで弱火でゆっくり煮る。たまにふつっというぐらいのやさしい火加減で時間をかけて煮詰め、最初の⅔量ほどになればOK。仕上げにこしょうをふる。

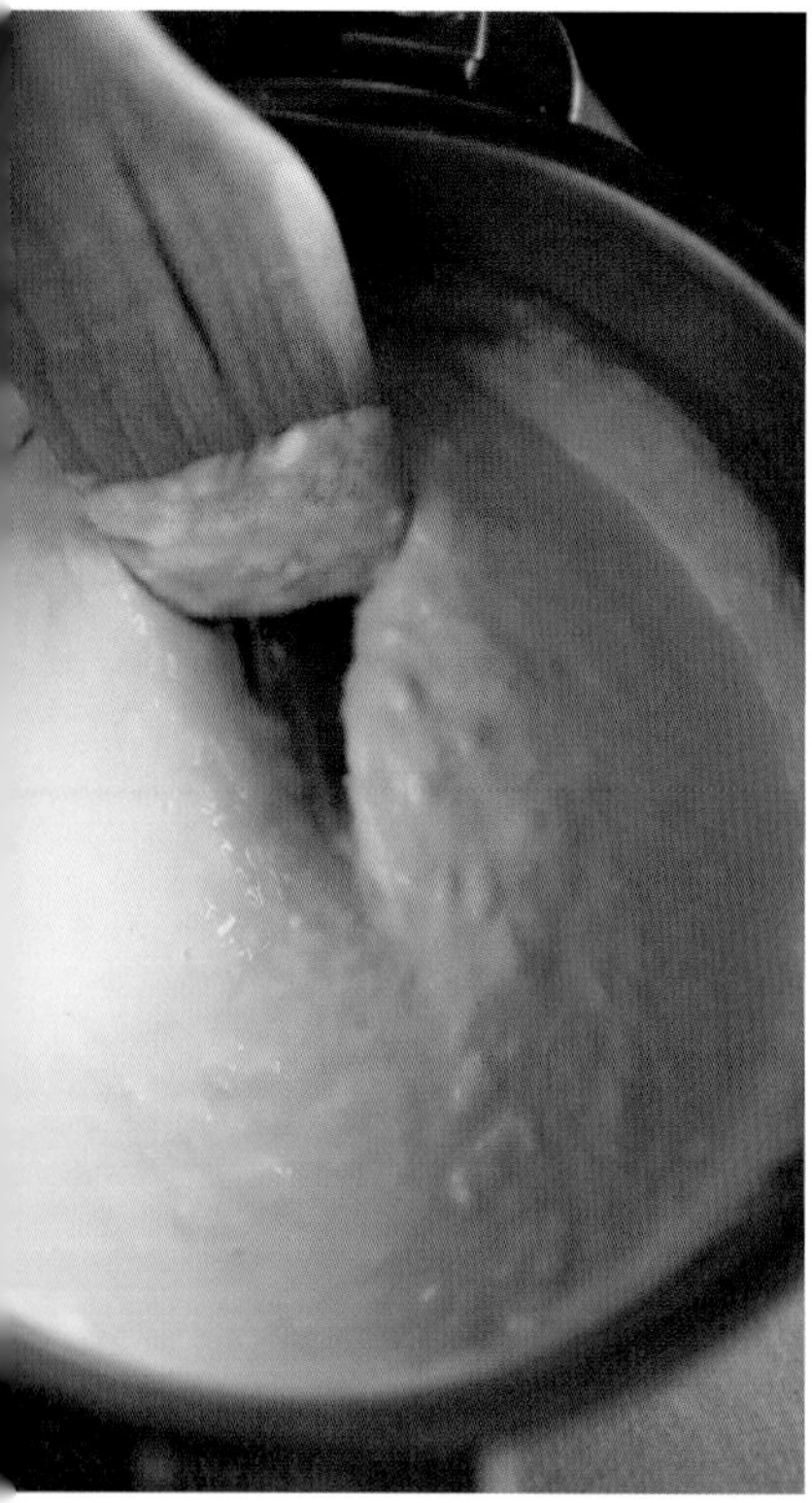

ホワイトソースはルウと残った牛乳で作ります。

クリームシチューなどのルウは、市販品を買ったことがないです。わりと簡単に作れるので、買う必要がないのです。クリームシチューやグラタンに使うルウは、バターと油と小麦粉と玉ねぎを炒めて作ります。あとは牛乳を加えて溶きのばすだけ。実は私は牛乳が苦手で、そのまま飲むことができません。でもミルクティーは好きなので、牛乳がないと困る。それで牛乳を使いきるために、ホワイトソースを作ることが多いのです。

ルウを失敗なく作るこつは、玉ねぎのみじん切りを加えること。玉ねぎを炒めたところへ小麦粉を加えると、玉ねぎに粉がまとわりつきます。これを牛乳で溶きのばすと、だまになりにくいのです。作ったホワイトソースは冷凍保存しておくと便利。野菜スープと一緒に煮込めば、クリームシチューが楽しめます。好きな具材にソースをかけて、チーズをふって焼けばグラタンもすぐにできます。

㋹ レモンを使う

しぼりやすいように切ります。

ソテーした肉や魚、揚げ物にレモンをしぼりかけて食べたいとき。こんなふうにレモンを切って添えることが多いです。レモンを縦に4〜6等分に切ります。真ん中の芯の部分を斜めに切り落とします。ここを切り落としたほうがぎゅっとしぼったときに汁が出やすいからです。

皮まで安心して使える国産レモンのシーズンは、露地ものが12月から6月、ハウス栽培が11月から6月。冬から初夏にかけてです。レモンのシーズンには、私はお酢の代わりにレモンをよく使います。洋食はもちろん、おすしなど和の料理にもレモンは合います。香りのよさと、フレッシュな酸味とうまみがたまらず、いつもの料理もまた違うおいしさになってくれます。

レモンとしらすのちらしずし● レモン汁、米酢各大さじ3、砂糖大さじ2〜3、塩小さじ$\frac{2}{3}$を混ぜてすし酢を作る。米3合を炊き、炊きたてにすし酢をまわしかける。きゅうり4本を小口に切り、塩もみして水気を絞る。レモン1個分を、袋から果肉を出して食べやすい大きさにほぐす。大きなボウルにすし飯、きゅうり、レモンの果肉の半量としらす50gを順に重ねて入れる。もう一度同じものを重ね入れて層を作り、しゃもじで軽く上下を返す。器に盛りつけて、レモンの皮1個分をすりおろす。

ろ 六方にむく

実は私も六面にはむけないのです。いつも七面になってしまう。

里芋は真ん中の部分がやわらかくておいしいので、料亭などでは本当に芯の部分だけを使うところもあるそうです。家庭でも、お正月のお煮しめを作るときなどに、里芋の皮を厚く切る「六方むき」にします。六方むきは、側面が六面になるように整える皮のむき方で、亀の甲羅のようにも見えることから「亀甲切り」とも呼ばれます。縁起のよい切り方なのです。さて、里芋の上下を平らに切り落として、皮を縦に厚めに一気にむくと六面になる、はずなのですが……。私はいつも七面になってしまうのです。どうしても七面になる。包丁と里芋のカーブの関係で。きっと六面にするには、もっともっと皮を厚めにむく必要があるのだと思います。でも「まぁ、料亭じゃないんだし、何面でもいいわよね」って。里芋は形がいろいろじゃないですか。太っていたり、やせていたりする。それぞれの皮を厚めにしゅーっと一発でむく。それだけのことで、形が整うし、面の数にこだわることはないわよね、と自分によしを出しています。だめかしら？

ⓦ 割り箸

角のある割り箸がいいのです。

おいなりさんや信田巻き、もち入りの巾着や袋煮などを作るとき。つまり、油揚げの繊維を切って、袋状に開いたり、1枚に開くときの必需品が割り箸です。角のある割り箸でないとだめなのです。油揚げの上に割り箸をのせ、角を押し当てるようにして、両手でころころと力を入れて転がすと、角の部分が油揚げの中の繊維を断ち切ってくれます。これを二つに切って袋にしたり、四方を切って開いて使います。角のある割り箸は、うどんなどのすべりやすいものも食べやすいので、あえて割り箸をお出しすることもあります。素朴な見た目ではありますが、実によくできた箸なのです。

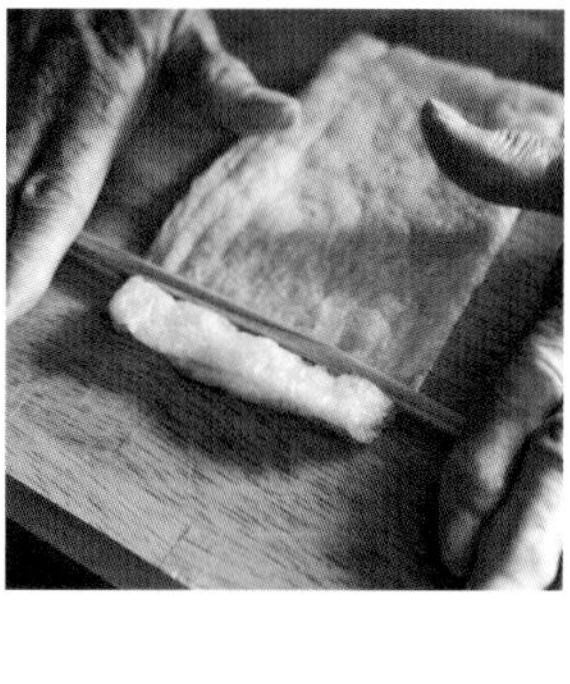

ⓦ 忘れ物をしないように

材料をバットなどに勢ぞろいさせて、「一目でわかる」ようにしておきます。

料理をどんな手順でするか。あえたり、焼いたり、煮たりする前に、私は材料を全部そろえておきます。切って下ごしらえをした材料をバットやボウルに入れて、勢ぞろいさせておくのです。そうして「一目でわかる」ようにすることで、「あっ、あれを入れ忘れた！」という忘れ物がなくなります。焼きそばを作るときなどは、具材が多いですから、先に出しておかないと桜えびを入れ忘れたりしがちです。めんどうでも、材料を全部そろえるひと手間で忘れ物をしなくなるし、材料が「目で見てわかる」状態になっていると、まずこれを炒めて、次にこれを入れて……と頭で考えなくても、料理がスムーズに進行していく気がします。

有元葉子
Yoko Arimoto

料理研究家。『有元家のお弁当』『ひとりを愉しむ食事』『はじめが肝心 有元葉子の「下ごしらえ」』（文化出版局）、『有元葉子 春夏秋冬うちの味』（暮しの手帖社）などのレシピ本、『簡単料理は簡単か？』（文化出版局）、『生活すること、生きること』（大和書房）などのエッセイと100冊以上の著書を持つ。東京・田園調布で料理教室「COOKING CLASS」を主宰し、さまざまなイベントも企画する。
https://arimotoyoko.com

ブックデザイン　若山嘉代子　L'espace
撮影　竹内章雄
校閲　山脇節子
DTP　佐藤尚美　L'espace
編集　白江亜古
浅井香織
鈴木百合子（文化出版局）
プリンティングディレクター　杉浦啓之（TOPPAN）

料理のあいうえお

2024年4月20日　第1刷発行

著者　有元葉子
発行者　清木孝悦
発行所　学校法人文化学園　文化出版局
〒151-8524　東京都渋谷区代々木3-22-1
電話　03-3299-2479（編集）
03-3299-2540（営業）
印刷所　TOPPAN株式会社
製本所　大口製本印刷株式会社

文化出版局のホームページ　https://books.bunka.ac.jp/